岭海

一朵花

感念岑桑

◎ 陈俊年　主编

SPM
南方传媒　广东人民出版社
· 广州 ·

图书在版编目（CIP）数据

岭海一朵花:感念岑桑/陈俊年主编. --广州：

广东人民出版社，2025. 8. --ISBN 978-7-218-18739-6

Ⅰ. K825.6-53

中国国家版本馆 CIP 数据核字第 2025ZN9702 号

Linghai Yi Duo Hua—Gannian Cen Sang

岭海一朵花——感念岑桑

陈俊年　主编

出 版 人：肖风华

策划编辑：夏素玲
责任编辑：谢　尚　唐明映
责任技编：吴彦斌
责任校对：裴晓倩
装帧设计：张力平

出版发行：广东人民出版社
地　　址：广州市越秀区大沙头四马路 10 号（邮政编码：510199）
电　　话：(020) 85716809（总编室）
传　　真：(020) 83289585
网　　址：https://www.gdpph.com
印　　刷：广州市豪威彩色印务有限公司
开　　本：889mm×1230mm　1/32
印　　张：10.75　　字　　数：232　千
版　　次：2025 年 8 月第 1 版
印　　次：2025 年 8 月第 1 次印刷
定　　价：65.00 元

如发现印装质量问题，影响阅读，请与出版社 (020-85716849) 联系调换。
售书热线：(020) 87716172

少年岑桑

左上：1965年，在"四清"工作点阳江平岚

右上："五七"干校归来

右下：1985年，重返"五七"干校

3

左上：在"庆祝岑桑同志从事出版工作五十年座谈会"上接受
　　　采访

左下：2006 年，获颁"韬奋奖"

右上：2021 年，在"《岭南文库》三十周年学术座谈会"上发言

左上：20世纪90年代，岑桑夫妇在小北江

左下：2015年4月，岑桑夫妇与部分家庭成员在"岑桑书屋"门前留影

右上：2017年，中国作协主席铁凝探望岑桑

1978 中国"史骚"
——序《岭海一朵花——感念岑桑》·挺粤派出版·论新河浦文化走廊

黄树森

没有编辑，文坛将是一片洪荒
——岑桑打了三张牌

1987 年前后，广东省作家协会理论月刊《当代文坛报》开了《全息摄影》专栏，那时候尚未有"链接"一词，编者以生平、著述、点评、自画像等节点，全方位地为广东作家、评论家、编辑家中之大腕，锻造个人品牌。岑桑便是其中一员。在1987 年 10 月的《主编偶记》中，笔者有过"没有编辑，文坛将是一片洪荒"一说。20 年后的今天思之，笔者仍有一种远期、长效、终端性的满足。遗憾的是，这个专栏虎头蛇尾，未一以贯之，再后来，到了 90 年代后期连刊物竟然也夭折了。

据称，近 30 多年，人类产生的信息已超过过去 5000 年信息生产总和，摒弃伪信息、劣信息，筛掉泡沫信息，通过编辑这一拨人的过滤、整合、创造、提升，完成了人类文化文明的积累、沉淀、辐射和发展。如果没有编辑，文坛早已是林莽梢杀，落红无数，乃至于遍野洪荒了。克林顿认为，搞政治，做编辑记者，这是两个"跟历史接轨"的职业，是他人生的两种选择，深得此中三昧。

岑桑，以抽血敲髓、化精吐哺的创业情怀，以承担坎坷、极为坚韧的生命强度，以充盈激情、进击辉煌的职业操守，在 60 多年的编辑生涯中孜孜不倦，一以贯之，创下骄人业绩，可圈可点，可喜可贺。

岑桑打过三张牌，三张牌都打得很智慧、很坚挺且富有成效。一如"基石牌"，他执行主编的《岭南文库》获国家图书奖。《岭南文库》被誉为"岭南地域文化百科全书"，为丰润厚实的岭南文化打下坚实的承传和研发基石。二如"摇篮牌"，他倡议并策划出版《潮汐文丛》《越秀文丛》和《译海》等 7 种刊物，以及参与筹建广东教育出版社、新世纪出版社等，构筑一个个平台，制造一个个孵化器，扶植一代代新人，造就出版繁荣，使之成为催生广东新文明的真正摇篮。

最值得一提的是第三张牌："反弹牌"。反弹者，顶着超极限的心理弹压之谓也。20 世纪 80 年代，岑桑策划由广东人民出版社出版戴厚英的长篇小说《人啊，人!》。该书尚未面世，即走漏风声，面临被扼杀的险况。当时，广东正在上演一出"《人啊，人!》在黎明前死去"的悲喜闹剧。一方面是磨刀霍霍的暗潮涌动，有人借此要向全国"发射一颗中程文化导弹"，即以此为突破口，在全国掀起一场新的大批判，消弭乃至扼杀新兴的文化启蒙和文化开放；另一方面，是对"文革"后文化板结风土的撬动和突围，而借以打开文结，疏通文路，为改革大潮的来临和潜在的文学热潮呼唤呐喊，推波助澜。禁闭与开放，改革与批判，在激烈地碰撞着、争议着和较量着。岑桑顶着超极限的心理压力。

然而，改革开放终究要压过禁闭僵化的锋头，关闭的门窗，再也阻止不了空气的流动。"大批判"，刺激好奇，刺激叛逆，口中传送，暗中流通，火上浇油，治丝益棼，不仅促成了《人啊，人!》的出版，更造就了《人啊，人!》的声势，到后来一版再版，长销不衰，并被译为多种外文出版，弹压为《人啊，人!》打了世界级广告。我想，这段历史，未来修中国当代文学史和中国当代出版史的人，是不会忘记，也不应该忘记的。岑桑没有"滑铁卢"，《人啊，人!》没有"滑铁卢"，多亏改革开放的赐福。

新河浦

新河浦，广州东山连接珠江的一条小河涌。浦者，潮起潮落，河水吞吐的地方。宋代词人柳永有诗云："年年春夏潮盈浦，潮退刮泥成岛屿。"几场暴雨，河满浦平，清清的河水，慢慢地流淌，整个广州，布满这样的微血管。

新河浦，隔着珠江，对面就是"国立中山大学"的宏大牌坊。

上世纪 80 年代，岑桑住在塘罗涌街 2 号，距新河浦，也就五十步之遥。这里是广东人民出版社职工宿舍。他们办公的地方，在大沙头四马路 10 号，从宿舍到办公的地方，很近，抽一支烟，就到了。从广东人民出版社分出来的花城出版社，还有新世纪出版社也是在这里。

1966 年，我从文德路 75 号作家协会搬到东山合群三马路红楼，合群中路 8 号、东华东路也都是在这条新河浦轴线上。再过两年，我在这儿就住满半个世纪了。这里的绿榕垂荫，这里的密叶藏莺，这里的草木蕃盛，都让人感受到一种惬意，一种流动，一种开阔。

80 年代，新河浦开了一家小观园酒家，日夜爆满。塘罗涌，岑桑、张雄辉、符绩才住在那，我是常客，常有创作交流。张雄辉当时在写一篇小说，写到一个人上门送礼，他问我，进门的时候，是右边先进去，还是左边先进去。我回答，那要看接受的人心理性格而定。小观园则是我和一帮朋友雷铎、黄兆存、吴其琅、程文超、沈冠琪、许翼心、金岱、李运搏、周建平、谭庭浩、杨苗燕、钟晓毅见面聚会的地方。

柏园

从塘罗涌穿过两条小巷，就到恤孤院路 12 号之一柏园。柏

4

园，因被确证为 1928 年国立中央研究院历史语言研究所创办旧址，而声名大振，岭南古籍出版社近期在这里创办揭牌，也是一种血脉传承吧。

有论者指出："史语所是中国近现代学术的重要源头之一，我们今天所熟悉的人文学科的学科体系、知识结构和学术框架，有许多正是从这里起步。众多在近现代学术史上'开宗立派'的人物，在这座小楼里进进出出"，如傅斯年、顾颉刚、杨振声、容肇祖、商承祚、容庚、董作宾等。[①]

我 1955 年入读中山大学时，商承祚、容庚是我的授课老师，也是史语所的特约研究员。商是 21 岁以一部甲骨文字典《殷虚文字类编》，一举成名，王国维称此"可以传世矣"；容 20 多岁，挟《金文编》稿本见罗振玉，深得罗赏识，介绍入北京大学研究所读研究生，毕业后成燕京大学襄教授、《燕京学报》主编兼北平古物陈列所鉴定委员。商、容承继王国维、罗振玉的中国冷绝之学，也是史语所内两位"开宗立派"的人物。商当时住在官塘街新 49 号贺宅。

容庚先生给我们上第一节课时，说，甲骨文很容易学，你们认识 3000 个字，就跟我一样了。同学们很兴奋，不久就传出有同学在洗手间里背诵《辞海》。后来，容先生上课又说：书法就像一根根的毛，但从谁身上拔下来的，价值就不一样。同学们

①　卜松竹：《百年柏园：承载广州的人文记忆》，《广州日报》2023 年 1 月 9 日第 15 版。

又冷静下来，学问原来要用一生的努力，要做成一流的学问。1981年，我请容先生送幅书法给我，一帮同学围着他。他写写停停，说他20多岁就出名了；批评我三次，说不记得我的名字。我连称学生惭愧。到最后四个字，他不记得了，叫张振林补上。

这两年，柏园一带，人文气息很旺，是全国网红打卡地，网上形容：这里比回南天还潮。

傅斯年当年选中柏园作为史语所创办地之后，在写给胡适的一封信中说：

"顶楼有最好的风景，如在苑中。前临大江，有三角洲，背是白云山，四周皆园林田野。"①

这和明代戏剧家、写《牡丹亭》的汤显祖说广州"临江喧万井，立地涌千艘。气脉雄如此，由来是广州"的旷世绝唱异趣而同工。"气脉"与"气概"大抵意思差不多。明代胡应麟《诗薮》中说"气概"，张彦远在《历代名画记》中，也是采用"气概"来评画。"气脉"之"雄"，是广州，也是柏园—大沙头—新河浦的血脉绵延，是广州一大文化标志。

2011年，时任广东人民出版社社长陈海烈，策划并参与编辑的《大英图书馆特藏中国清代外销画精华》八卷本出版，这是大英图书馆首次将该馆珍藏的中国清代外销画公布并独家授权广东人民出版社出版。这个稀世藏品、存世孤品，是画者在珠江南岸今中山大学北门位置，画了珠江北岸从白天鹅、十三

---

① 欧阳哲生主编：《傅斯年全集》第7卷，湖南教育出版社2003年版。

行到大沙头、海心沙长达九公里的壮丽图景，有五六百人，几百条船。而珠江入海口，便是堪称中国转折点的崖山之战和鸦片之战的发生地。其地理形势如层峰叠岚，如惊涛巨浪，承载着太多的历史、文化、经济、军事内容。

新河浦之北的龟岗大马路，有一株大榕树，是 1957 年陈残云编剧的电影《羊城暗哨》的取景地之一。1957 年广东人民出版社出版陈的剧本。新河浦向东走是合群门诊部，涌边，是白桦、彭宁合作电影《太阳和人》（即《苦恋》）的拍摄地，电影写画家凌晨光历经波折苦恋祖国的一生。我就读烟墩路的女儿参加了这部戏的拍摄。这是 1979 年的事。

新河浦附近之春园后街 2 号，是中国 20 世纪 20 年代两位电影巨星胡蝶、阮玲玉的旧居。阮玲玉被京剧大师梅兰芳视为"中国的玛丽·璧克馥"。张恨水评价胡蝶，用了《红楼梦》中三个女性的特质，说："蝶为人落落大方，一洗女儿之态，性格深沉，机警爽利——十之五六若宝钗，十之二三若袭人，十之一二若晴雯。"①

春园往北走，不远就是培正小学。1988 年，我陪白先勇来这一带转悠，白先勇说：现在的广东就像刚开放时的纽约，火红得很，议论也多。他在小学门口驻足良久，他说他小时候在这读过书，在广州铁路局小东园附近的一所红砖房子住过。那是 1948 年的事。

---

① 黄树森：《广州九章》，花城出版社 2009 年版。

新河浦不远的珠岛宾馆，1978 年广东省委书记吴南生邀请我们一帮文艺界人士在此观看港产电影《醉拳》，成龙主演，袁和平执导。时间、人物、地点、作品都很敏感。

1978 年之前，港产文艺作品，含电影、电视剧、音乐等都被视为可滋长"心灵癌症"的作品，大小会上都说要封禁。我为这事，1980 年 10 月 7 日在《羊城晚报》上与舜之进行了一次交锋。看完《醉拳》不久，就在新河浦以北的东方宾馆，召开了广东文学创作座谈会，欧阳山、秦牧获得平反，作协文联恢复活动，文艺思想解放运动自此而起。广州沸腾，自此时始。

珠岛宾馆到东方宾馆之间有座越秀宾馆。1962 年 3 月 2 日至 26 日，文化部和中国剧协在此召开全国话剧、歌剧、儿童剧创作座谈会。我作为中国作家协会广东分会主办刊物《作品》的特派记者，参加了座谈会。这次会批判了创作中"左"的倾向，倡导发扬艺术民主。参会的都是一些重量级人物，如陈毅、林默涵、阳翰笙、李健吾、曹禺、张庚、陈白尘、老舍、田汉、石凌鹤等，大师云集，艺术民主也未倡导起来。会上"知面"不流行，"刺点"很流行，每个发言，金句迭出，还可以用"灵光"的概念，整个气氛非常好。广州地处边缘，保存了中国近现代学术史关键记忆，容易形成通识。这和 1978 年广东文学创作座谈会，周扬、林默涵、张光年、夏衍结伴南下与会，80 年代，我陪上海王元化、钱谷融、孔罗荪到珠海特区参观，都非偶然孤立的事件。

大沙头·人民社·花城社

从新河浦沿东华路向南走，拐过小弯，就到了大沙头。

80 年代的大沙头，是广东人民出版社、花城出版社、新世纪出版社的领地。

广东人民出版社 1951 年成立，至 2011 年 60 年间，粗略统计，出版图书 16000 种，他们从中选出最有影响力的 60 种图书，编成《书香四溢大沙头——广东人民出版社六十年六十本书》（简称《书香四溢大沙头》），书名由老社长岑桑题写。这 60 本书中，有三本值得特别关注。

一是 1980 年戴厚英的长篇小说《人啊，人！》。

《书香四溢大沙头》一书，在副题写着："吹响人道主义的号角"。该书引述《广东出版 50 年》中的观点，称小说"顶着强大压力出版后，轰动全国""给中国文坛注入了一股清新的空气"。

二是 1981 年梁羽生的长篇武侠小说《萍踪侠影》。

《书香四溢大沙头》副题写着"中国大陆出版的第一本新派武侠小说"。编者引述《南方日报》2009 年 10 月 23 日文章说，此书的投石问路，"引发了中国内地武侠小说的出版狂潮"。

三是 1981 年卓炯的《论社会主义商品经济》。

前两部书稿，我是参与者和亲历者。编者所用的词："吹响""引发""第一本""狂潮"都很重，有"始为之""敢

9

为先"的意思。

1978 年的改革开放，是一场惊天雷暴，仿若神灵。

1978 年是一个充满惊奇新闻、思想震荡的年代。

1978 年，唤醒冰封的灵魂、撤尽"腐风"，特有的色彩、气派、声音、味道，鸢飞鱼跃，横空出世。

思想萎缩与文化托命，封闭僵化与思想活水，结扎独立精神与放飞自由意志，在各个领域全方位纠缠、碰撞和较量。且看粤派出版大家和广东文化精英，如何搅动开放风云，创作中国"史骚"。

"文化托命""续命河汾"，是陈寅恪先生追求的现代学术理想。他住在中山大学东南区 1 号。他逝世后，同一处所，容庚住在二楼，商承祚住在楼下，颇有一种符号与象征意味。商承祚非常推崇《荀子·修身篇章二》的几句话："非我而当者，吾师也；是我而当者，吾友也；谄谀我者，吾贼也。"是为座右以相警。容庚自己在"反右"中都有被划为右派的危险，却天真地到处为右派开脱、说情。

粤派出版，也有很多文化托命的人。如岑桑、李士非、易征、司马玉常。他们在编辑兼作家生涯中，有过尘封，受过炼火，爽直耿然，热忱不改，正气凛然，才情横溢。使粤派出版成为中国当代文化开放的主要源头，成为中国现代新人文科学的发源地。

戴厚英 《人啊，人!》 风波

拙作 《黄大记》 ① 1982 条记述：

"是年，最大风波是小说 《人啊，人!》。"

1 月中旬，《作品》 和作协理论批评委员会共同召开座谈会，讨论戴厚英长篇小说 《人啊，人!》。

《人啊，人!》 反思政治迫害下的人性压抑，叙写在 "以阶级斗争为纲" 下的人性扭曲，主旨为人性解放、人性复归，有巨大的现实意义和历史意义。

作为出版者的广东人民出版社，特别是岑桑、李士非等顶着巨大的压力；社会上 "左" 和 "右" 的较量无处不在；读者纷纷赞誉，文坛却处处刀光剑影。

我这时在广东省作家协会主办的 《作品》 杂志理论组兼作协理论批评委员会工作。主管作协工作的文坛前辈说：《人啊，人!》 是一本坏书，应该批判。批判稿也由一位前辈转到我手上，文章充满火药味，一副大批判的模样，说是顺德来稿，一个中大哲学系的人写的。广东作协有人主张借发表此文之机，在全国发射一颗 "中程文化寻弹"，而另一派反对大批判，主张学术自由讨论。我经常到财厅前古籍书店楼上，找李士非商量，到大沙头找岑桑商量，我压着批判稿，采取拖的方法，推动

---

① 黄树森：《黄说》，广东教育出版社 2015 年版。

《南方日报》发了一组七个人的笔谈，用以淡化紧张氛围。

两句话概括这些粤派出版精英的气概和风采。第一句话，以博学为知，以从义为怀，以勇决为行。第二句话，不毁于节，不馁于势，不囿于陋。戴厚英在广东藏了很久，都是李士非和岑桑的运作。从没看到他们互相推诿，泄气埋怨。岑桑非常欣赏美国作家海明威的《老人与海》，毕生尊敬这作品所推崇的不可征服的顽强精神，毕生尊敬"挑战极限"。作品中老人最后淡然地说："人只能够被毁灭，却不能被打倒。"这句话的翻译有可斟酌之处，但意义是明确的，在肉体和精神两个层面，肉体，能够被折磨，但精神是绝对不能被侵犯的。李士非是个激情狂泻、一身正义的人，我和他私下谈话，他有两次出于义愤，当场晕倒。

岑桑和李士非，从不忘坚持，不失信心，不易屈服。如今来讲压力，说得很轻松。作家协会当时要批判《人啊，人！》的势力是很强大的。戴厚英若被送回上海批判，全国文艺形势，可能大乱。李、岑首当其冲，倒霉是必然的。有次作协开《人啊，人！》的讨论会，林振名拿着一个超大录音机，被某处长挡在门外，说没有邀请他。林说，我们出版的作品，很想听听讨论的意见。大有一点即爆的态势。

梁羽生《萍踪侠影》狂潮

1981年2月10日，《花城》杂志和《广州文艺》杂志，以增刊形式合办的《南风》文学报正式创刊，双方各派代表，并聘请一些专家学者共同参与编辑。《南风》文学报编辑部设在《广州文艺》杂志社，在华侨新村一幢小别墅里办公。《花城》派出李士非和叶曙明，《广州文艺》派出副主编霍之键和钟子硕、方亮、岑之京、詹忠效等人，参与编辑工作的还有省社科院张绰、中大黄伟宗、暨大许翼心、《南方日报》谢望新、《羊城晚报》王有钦和省作协的我。

《南风》是双周刊，2月10日第一期开始连载香港作家梁羽生的武侠小说《白发魔女传》，这是我辗转联系当时在香港《大公报》的梁羽生后引进的。

梁羽生非常热情，为人儒雅，随即寄了一套《白发魔女传》给我，之后我和他彼此书信来往不断，他来广州住在花园酒店，我们深夜长聊。他认为新派武侠小说作为中国一个全新文学流派，诞生于香港，起于1954年他的第一部武侠小说《龙虎斗京华》在香港《新晚报》连载。他说他是开武侠风气者；而发扬光大的，是金庸。他对"侠"的理解，和2001年金庸在中山大学作专题演讲时看法是一致的，他认为：侠是指正义行为，符合大多数人的利益就是侠的行为，与旧武侠小说中的侠是统治阶级鹰犬，完全不同。我希望梁羽生的小说能在广东人民出版社和花城出版社出版，这是李士非交代的任务；梁羽生希望我去采访华罗庚，并写了介绍信给我，让我把武侠小说舆论阵地扎稳。因华在《光明日报》上有武侠小说是"成年人的童话"的论述。

有了《南风》上《白发魔女传》的连载，就有了后来 1981
年《萍踪侠影》的出版，也有了《南方日报》2009 年 10 月 23
日文章说《萍踪侠影》"引发了中国内地武侠小说的出版狂
潮"。我和梁羽生有惊人的默契，双方书信不断，他亲戚病了，
看病要用钱，就让我用他的稿费解决。我建议选一本他的作品，
在广东首发。他点头了。

武侠、言情、科幻三大写作，在当时的香港都很兴旺，可
以产生难以估料、不可遏止的文化能量，可以撬开内地板结的
文化风土。这是我跟李士非的一个共识。这个狂潮一开，就有
许多百年难遇的事发生。

卓炯《论社会主义商品经济》之胆识

广东人民出版社 1981 年出版卓炯的《论社会主义商品经
济》，《书香四溢大沙头》引述《广东出版五十年》，说该书
"引发了全国性的社会主义市场理论的大讨论——编辑没有一定
的胆识是不敢贸然'吃螃蟹的'"，并注明该书 1982 年获"广东
省首次优秀社会科学研究二等奖"。

当时社会流行"南卓北孙（冶方）"的说法。卓氏曾被批判
了 20 多年。在卓炯这本书出版之前，广东还有一位著名作家，
写《山乡风云录》的吴有恒，他做过广州市委副书记，后来做
了《羊城晚报》总编辑。1956 年，他在香港《大公报》上发表
《价值规律在社会主义经济条件下的作用问题——对斯大林〈苏

联社会主义经济问题〉关于价值规律意见之商榷》。这在中国，是首次对斯氏"价值规律"的批判，也给作者带来了一生的祸害。

吴氏论断机趣，犀利：

"如果说，我们可以否认价值法则对生产有调节作用，那么也还应当看看农民是否也会否认。""可见农民自己的脑子里有个价值法则，他看见价格和价值不符，便要来批判。""例如广东曾有一个时期，花生价格比豆饼价格还低，农民便说：'怎么搞的？我一担花生卖给你，你把油榨出来了，把渣子卖给我，还要讨我更多的钱？'农民就不肯种花生了。农民这样想时，不正是根据价值法则吗？不正是根据价值法则来决定他的生产规模吗？"①

我在《广东观念·中国问题》中论及卓氏、吴氏张扬"商品经济"时，说"广东观念"中有内核十分坚硕的市场经济和人道主义、人本主义观念，"对此，我们不能自断其流，自堵其源。偌大个中国经济界，对吴氏伟论，视而不见，置之被遗忘之角落，不也哀哉"。

1978年是个大门槛，过得了门是路，过不了门是槛。诺贝尔文学奖得主君特·格拉斯在反思德国历史的《剥洋葱》中谈道："回忆可以作弊，可以美化，可以伪装。"我们回忆1978年这段历史时，决不能忘记港澳同胞当年寄给我们的"锅巴"。

---

① 吴有恒：《吴有恒文选》第二卷，花城出版社1993年版。

决不能忘记我的同学、广东电视台副台长张木桂当年去杭州开会，离开酒店时，一个女服务员紧随其后，盯着他的脚，亦步亦趋。张问：你想干什么？服务员答：我想要你脚上那双玻璃丝袜。张说：我穿过的也要？服务员说：是的。张只好脱下来送给她，光脚穿鞋回广州。决不能忘记，我们在白天鹅宾馆接待一个天津的作家代表团，飞机误了点，我们一直在那等他们，进酒店先吃晚饭，他们入座后，有位作家见到台上放着擦手的白毛巾，以为是白馒头，拿起来就吃。我们说，那是擦手的，他当时就哭了，说："我在中国，也算一个三流作家，却离现代文明这么远。"

广东出版有一种坚韧、战无不胜的生命源泉和精神谱系，有一种情义绵长的风采。吴有恒、卓炯都经历过 20 多年的批判，吴后来在《羊城晚报》绝地而起，《街谈巷议》中，有许多绝世名篇；卓炯的大著终在 1981 年面世。岑桑退休后，他的大小事，陈海烈全部放在心上，一应办理，我当面对陈海烈说过："你情义绵长，不是一两次，长久而坚韧，十分难得，是一个难得的好人。"

我和他们交往，有四件遗憾的事。一件是，省出版集团派了杨亚基来找我，商量如何从战略上做强"粤海关档案"的出版，我闻之雀跃，最想合作的人就是陈海烈，但遗憾未能做成。我认为"粤海关档案"的出版对于岭南文化的研究和推进来说，无异于石破天惊。另一件是给广东每一个市做一套"九章"，广州、深圳、东莞做完了；珠海、佛山已有原稿，但胎死腹中。

詹秀敏、金炳亮是最好的合作者。詹在位时，聘用我做了八年的顾问，我一日不敢松懈，老想着怎样为花城社弄到佳作并能赚钱。我有一个朋友想在花城社出一本中短篇选集，我刚投石问路，詹说这类书籍当前市场不看好，我便收声了。《东莞九章》还未出版，就收到几万册书款。从她大学毕业，我们交往至今，这是我最引为高兴的一件事，她身担两个效益的担子，十分不容易。为《袁庚传》的事，肖建国授予我全权赴蛇口谈判。袁庚给我磨得没有办法，在我耳边悄悄地说，我怕给你添麻烦。《白崇禧传》，我也向白先勇力争。

第三件是跟花城社做过一套《地道广东》丛书，含《广东味道》《广东香道》《广东花道》《广东艺道》《广东茶道》《广东拳道》，聚焦于体验性，器道并举。岭南文化不光是真正、纯粹、异质、美善，而且具有"发达的事实感"——陈小庚用《事实感的岭南文化》的标题来评价。在原生性物质存遗和再生资源开发利用方面，这套书做得都很到位。在鹤山古劳镇看珠江三角洲仅剩的 1800 亩"桑基鱼塘"；在顺德、潮州，吃粤菜潮菜；在高州根子镇，看那 39 株树龄 500 年到 1300 年的荔枝古树；在潮州乌崇山看树龄 200 年以上的 3700 株宋种古茶；参观咏春拳馆、李小龙祖居、梁赞故居、胡蝶故里、天羽茶斋。钟永宁提出要有体验性，我和作者张承良、周松芳、侯虹斌及责编蔡安、欧阳蘅、林菁往潮州、佛山考察。书成之后，又和谭庭浩、张承良几次到鹤山力推"地道"书落地，希望能保留经营好那仅存的 1800 亩"桑基鱼塘"，推动鹤山与中国旅行社合作。人文资源是一个地方的"独家记忆",我隐约感觉那个地方已具珠江三角洲主题公园雏形。西江岸边鹰钩鱼产量丰盛,旅游到此,又能一饱口福。但因种种原因,合作未能达成。

第四件是我跟张承良还为虎门提供了一个"中国近代史主题公园"的方案。方案中,我们提出了一个"三重门"概念。第一重门:"泛珠流光",据虎门传统,寓龙王三太子入珠江水道,此门寓意未来。第二重门:"神虎金锁",虎门有"金锁铜头"之称,又有神虎阿娘传说,此门寓意奇崛。第三重门:"靖康海市",寓意开放。"三重门"象征虎门灵动进取和开放包容的海洋文明特征。这个门,建议请当代重要雕刻家之一、1991 年美国最高名誉艺术奖"透纳奖"的获奖者 Anish Kapoor 作为美国芝加哥千禧公园不锈钢云门和上海世博会申园"金玉满堂"之后的第三个"门"来创作。这方案虽最后未予实施,当时也获 16 位专家学者,包括杨天石、张颐武、宋钻友、黄天骥、曹家齐、傅才武、卢锡铭、曾明了等投票论证通过。

金炳亮属于"倾听型"(这在当今被列为评判人物的三大标准之一,另外两个类型是演说型和沟通型)、通透活泛类人物。《广东九章》出版,他邀集我和我的伙伴们在佛山东拉西扯、天南地北地聊了两天,后来在编辑过程中,关于现代性的四个理论轮子,关于南北,关于夏夷,关于中心边缘,关于孙中山、苏曼殊、鲁迅、胡适、林语堂、梁启超、陈文博对广东的纷纭意见、各异看法以及欧阳山的《三家巷》,冼星海、红线女文章的质量;关于龙应台的广州之行,张爱玲过罗湖桥,众声喧哗，多有争论。金炳亮，从不干预。陈海烈出版《大英图书馆特藏中国清代外销画精华》，我联系了一家大公司，并请黎捷卖了一套书给他们，他们同意把这本书做成三维，让画中人物动起来，并在海心沙一个大楼中展出，资金场地都由他们出，后来我觉得格局太小，遂作罢。

在《广东九章》《深圳九章》成书后，四个教授的观点，含贺绍俊的"大赋体"，林岗的严肃课题"用后现代拼贴结合"，任剑涛的"两代人精神接力"，谢有顺的"价值激荡"，令我十分受益。①

"孤篇压盛唐"的启示

程千帆有篇文章《张若虚〈春江花月夜〉的被理解和被误解》，收录于他的《唐代进士行卷与文学　古诗考索》一书中。说卞和泣玉和伯牙绝弦的传说表达了"人类对真之被识，音之被知的渴望，以及其不被识不被知的痛苦的绝望"。张若虚的《春江花月夜》，今天已是家喻户晓的唐诗名篇之一，当代出版选本，很少有不选它的。但"回顾这位诗人和这一杰作在明代以前的命运，却是坎坷的。从唐到元，他和它被冷落了好几百年"。张若虚既无专集，《春江花月夜》只有通过总集、选本或杂记、小说才能流传下来。宋代文献，均未载张作。由宋到明

①　黄树森：《说黄》，广东教育出版社 2015 年版。

代前期，始终没人承认它是一篇值得注重的作品，几百年后，才有了"孤篇横绝，竟为大家"的评语。这在文学史上，是绝无仅有的。一直到闻一多，说这首诗是"诗中的诗，顶峰上的顶峰"。"被理解和被误解"，伴随着整个历史过程。认识是无限的。"孤篇压盛唐"，"被理解和被误解"，很多事当世人是不可能得知的，粤派出版人易征、司马玉常的"放得下""拿得起"，很耐人寻味。

在粤派出版人中，易征和司马玉常，都是大家，无论才情、事业。易征创办的《现代人报》，是一个全新的报纸，新加坡当年有人想投资《现代人报》在中国报界第一个搞光导纤维，资金技术全由他们负责。因为兼任了报纸副总编辑，易征命我去落实此事。最后不知在哪个环节出了问题，一句话就把我们镇住了：《人民日报》都没搞，哪轮到你《现代人报》。司马玉常是我主编的《当代文坛报》的铁杆作者，我向他约稿，从不落空，他是一个知识渊博的人，好像什么样的稿子，都可以满足你。但他们也碰到程千帆教授提出的"被理解和被误解"是人类的一个坎的问题。

《郁达夫文集》《沈从文文集》《世界诗库》的"颠覆"

花城出版社《郁达夫文集》《沈从文文集》均为中国第一次出版，改写了中国现代文学史。

《世界诗库》，花城出版社出版，飞白主编。笔者曾在《中

国三大文化态势思绪——〈叩问·岭南〉大型理论书链总序》中
写道：

"《世界诗库》……700 名作家参与，收录 100 多个国家、30
多种语言、21 万行诗作，计 10 卷 800 万字（内含 100 万字译介
文字）。该书一反历来诗歌史'重希腊轻罗马'的惯例重写了世
界诗歌史；以 60% 的新译作，填补中国诗歌翻译史的研究和鉴赏
空白。以德国诗歌为例，动摇了歌德、海涅、席勒等诗人地位，
介绍了成就更为显著且鲜为人知的诗人。飞白说这一'笨'工程
几乎令他双目失明。这在世界上是前所未有的。"①

这部诗集，范汉生贡献很大。我上面这段话，是听了老范
的介绍而写的。"动摇了歌德、海涅、席勒等诗人地位""一
反历来诗歌史'重希腊轻罗马'的惯例"，都是颠覆性的书写。
这是 1995 年的事。

从"信息茧房"突围

1978 年前后，广东演示了一场余味悠远的思想震荡、价值
震荡盛典。美国法学教授凯斯·桑斯坦在其著作《信息乌托
邦——众人如何生产知识》中提出：

"信息茧房"不仅仅意味着便利，同时也异化为"信息牢
房"，让人固定在单一信息世界里，成为被动接收信息的附庸。

---

① 见黄树森：《手记·叩问》，花城出版社 2001 年版。

受困于信息茧房，知识面积被有意或无意地限制，独立思考能力和批判性思维可能被剥夺，无法全面了解和理解复杂的现实世界，致使有时信息越来越多，知识却越来越少；有时情绪越来越多，理性越来越少。

我在 1980 年前后，也有过此类思考：

"当人像一只蚕蛹被困在极端封闭的蚕茧中，一片黑咕隆咚一种单调声音，每天琢磨的就是咬破几个小孔，以期获得清鲜的空气和明艳的日照。这是一种拯救，一种征服。在 1980 年前后这个被希望充盈的时间点，咬破几个'小孔'，具有生命的特殊意义。"①

广东历史，传承了要启蒙，要变革，要在铁桶般坚固的旧思想旧体制上敲开一个大洞的思想，滚动的石头永不生苔藓，正是这种接踵联动式启蒙的浸润、沉淀、一贯而下、示范震慑，孕育了广东敢为天下先，引领风骚，自成一帜的文化风格。

80 年代的小观园—新河浦，对"信息茧房"突围，对独立思考能力和批判思维加以保护，对复杂的现实世界进行了解，很多思维在那里碰撞，很多信息在那里交流，很多成果在那里展现。

杨光治、野曼对新诗理论的辩论，1980 年林英男与黄雨、黄药眠关于朦胧诗的辩论，一直到 20 多年后我写《1981 年关于朦胧诗的一场激战——序〈平沙集〉》都是在这里完成的。

以岑桑住的塘罗涌街、史语所、柏园、小观园、大沙头、

---

① 见黄树森：《手记·叩问》，花城出版社 2001 年版。

广东人民出版社为中心，还延伸到东方宾馆，可以用一个新河浦文化走廊来概括。那在八九十年代里是一个"绝唱""史骚"。

康德把柏拉图的"理念"（eidos）解释为"自在之物"。他指出，现象知识可以经由感觉和经验来获得，但是对自在之物，则需要运用理性和思维，即通过直觉和思辨来认识。新河浦文化走廊，让我们需要运用直觉和思维的东西太多太多。有地理形态与生态空间，有地缘政治与社会结构，有经济与文化，有南北文化的不同气质。

在这里，对广东文化有很多的讨论：有"东方无战事，南方无文学"的嘲讽，有对广东"只有一个半作家""只有秃子头上的一根毛（指有一篇报告文学得奖）""岭南文化意识还没有觉醒"的议论以及"鬼火萤火也比现代霓虹灯更富有诗意"的怪谈。对"广东既不是文化沙漠，也很难作为文化摇篮"表示异议，对关于"炒更""走穴"的理解，微妙对待；即使对于"国营"，南北理解、观念也不同。在这里，众多的知识精英都参与了、充实了岭南新文化、中国"史骚"的历史思辨。周建平的《1994：南方的河》以 1994 年为断面，以拍摄《南方的河》电视专题片为契机，围绕岭南新文化"破茧"与中国新文化"破局"，对新疆、山东、陕西、上海、北京、数以百计的精英众生，作精致采访，真诚对话，挥洒展示，里边收录不少有趣的视点：

粤菜潮菜每年以三百公里速度向北推移；

于光远说：北京是政治中心，上海是经济中心，广东是世界风云出现的中心。

西安音像店的老板说：这里没有"西北风"，如今刮的是"岭南风"；如今是广货时代。

音乐家严良堃、徐沛东说：北京人对广东人有点看不起，又不能看不起。

北京的一所学校把粤语教学列入外语教学科目。

垃圾岛上，有一老人每天发布外币汇率的金融情报。①

广东地处边缘，有一种忤逆性。北方文化与南方文化的互相"被理解"和消除"被误解"是长远历史过程。广东教育出版社为上海世博会广东馆编好了一本书，它的统筹李玲、责编赖晓华，在社里碰到我，李玲说："黄老师，耽误你半小时，到我们室坐一下。"我在李的办公室翻阅该书稿，立马就"枪毙"了，我说：没有粤商，就不会有上海世博会；上海的繁荣，是靠"中国第一商"十三行的商融资金、"近现代中国工商第一方阵"的香山工商精英东进与上海天时地利人和结合而崛起的。）中国参加世博会的第一人是广东省香山人徐荣村，他的后人为在上海举办第41届世博会，立下卓越功勋。李玲问怎么办。我说推倒重来，遂有了《金色骑楼·绿色生活——2010年上海世博会广东馆》这本书，署名：为中国国际贸易促进委员会广东省委员会编。我写了前言《岭南风劲·浦江潮大——2010年上海世博会广东馆思絮录》。

---

① 黄树森：《黄说》，广东教育出版社2015年版。

粤派出版，能在几十年里，立下汗马功劳，除了有像李士非、易征、杨光治、陈俊年、肖风华这样"演说型"（也可用疏快、直率来表述）的人物，有大量像岑桑、卢锡铭、金炳亮、詹秀敏这类"倾听型"（也可用典丽、和雅来表达）的人物，还有一种"沟通型"（也可用浑成、工巧来表述）的人物，如陈海烈、符绩才、陶己、刘永光、卢雪华等。

广东非虚构文学方阵

1978 年，广东改革开放"先走一步"，得风气之先，涌现了一批堪称鲁迅说的"中国的脊梁"式人物，其表现形式，是一批非虚构作品的兴起。这有着深刻的社会历史原因。

士非的报告文学集《转型期报告》出版，他打了个电话给我："我把报告文学的旧作通读了一遍，心情依然激动不已；跟踪调查了笔下的人物，至今也还站得住，我决定把它编成一本集子，请你再读一下，如物有价值，就请你……"淡泊自守的士非话未说完，我已眼角发热……我即抢过话头："我写。"他十一篇作品的出炉往事，我都很熟悉。

我给《转型期报告》写了篇长序。说他的报告文学"有一股凛然正气""有一种逼人的精神锋芒""有一股黄钟大吕、千秋风云的气概""其翻江倒海般的情感安置于平静质朴随意的叙写中""其复杂斑斓的素材施行于大刀阔斧的艺术剪辑和聚光之中""人物以'本色'出之，但又'着我之色'，'我色'与'本色'相辉互动，十分精致"。他的《昭雪之后》受到不公的诘问与责难，1980 年 7 月 9 日，受《南方日报》所托，我写了《"惊讶论"与文艺批评——读〈昭雪之后〉兼评对它的异议》，予以痛斥。

李士非的报告文学，有强度，有韧度；很放松，很坦荡；写改革开放，"始为之"。

以李士非为标志，广东非虚构写作群体，高掌远跖，顾视不凡，在行腔、唱法、气息、位置、字音、身法等方面，有自己的神韵和气概。

雷铎的《中国铁路协奏曲》于 1987 年在《当代文坛报》刊登。郭小东才情横溢，极为敬业，第一天下午下班时到文德路拿到雷的作品样稿，第二天就交出数千字评论，他是在公共汽车上读的原稿。郭文与雷的作品同期刊出。雷铎写了广州铁路局局长杨其华及十三万铁路职工的改革，引起丁关根的极大兴趣，即邀请雷铎进京，铁道部给了雷一张通用车票，在全国任何一个地方乘车免费，要雷写一部反映全国铁路改革的大型报告文学。

朱森林、许士杰，均为当年风云人物。《现代人报》，让我去采访，为《现代人报》写两个头条。采访完，许说了一句很深情有趣的话："我这间屋子，装的都是改革开放的料，你们有需要，随时来。"《当代文坛报》在中国大酒店举办改版晚会，广州市长黎子流不请自来，一直呆到演出结束，我对他说，你想讲话，就'插播'，随时讲，没关系的。那个时期的领导，都很亲民随意。省长卢瑞华有次打来电话，我在龟岗大马路的大榕树下接听，他讲到的"信息不对称""羊群效应"，都是我第一次听到的新词。不久，谭庭浩打来电话，也说到这两个词。

易征是个名士派，聪明睿智，我和他、李汝伦、江林经常凑在一起唱京剧，他调侃我的唱词发音不对。他们喜欢马派，我喜欢荀派《红娘》。我辩解说：京剧就图一个韵味，胡琴一响韵味就到。相互打趣。他常开车到合群中路 8 号楼下，给我交代任务：市面烧鹅价是从哪里发布来的；每天港币兑人民币的价格是从哪里来的。后来我们花了好大功夫才打听到，烧鹅价是广州番禺交界一处生鹅集散地定的；货币兑换是垃圾岛上一个盲人计标全世界汇率后发布的。这时期报告文学笔锋所向，几乎伸进了处于历史转折的社会生活的各个角落，他们的笔下，跳动着强有力的时代脉搏。

陈俊年写于 1981 年的《"太爷鸡"与探索者》是中国第一篇写个体经济的报告文学。这和章以武第一个写个体经济并被张瑞芳誉为闻到了鱼腥味的电影《雅马哈鱼档》、1988 年广州作家欧伟雄和钱石昌创作的第一部正面反映中国商品经济的长篇小说《商界》（北京《当代》杂志连载）异趣同逶。

大凡"始为之"，大都要承受难以想象的思维流变和心理承受压力。陈俊年当年骑着单车从广州去东莞去深圳，写了改革开放初期的芸芸众生和有趣故事，收罗在《有龙则灵》里。这里面写着 1975 年九龙海关的一个故事。一位港客手里拿着一个"金色小玩意儿"，边检青年花了七个钟头，消耗了十多斤汽油，从九龙海关追踪到博罗县的一个小山村，才发现不过是一个新式打火机，却把持有者当成持枪歹徒。作者感慨道：闹笑话的人未必能担当起闹笑话的全部责任。①

1994年，于爱成写了50万字的中国流行音乐发展史论《狂欢季节》，先在《岭南音乐》连载，后由广东人民出版社出版。著名音乐人李海鹰以此书为本，改编成一部电视专题片，并邀请两位音乐学院的教授对书稿进行审核。2004年，韩国学者李熔旭在中国传媒大学留学，决定翻译此书，2005年此书由韩国学古房出版社出版，名为《从流行音乐看中国》。

1986年在珠岛宾馆，我和刘中国去拜见时任深圳市委常委兼宣传部部长邵汉青。我说：刘写了一篇深圳大鹏所城的散文，在《文艺报》发表，建议作者写成一部专著，市里给予支持。邵满口答应。后有《大鹏所城》专著的出版。大鹏所城被国务院列为全国重点文物保护单位，是深圳第一文化景点。

"思维碰撞"盛景

1978年之后，广东演绎了一场余味悠远的观念盛典。或划清界限，或关注人性，或激励开放，时刻保持对闭关误国、窒息思维、扼杀人性历史文化的痛感，保持一种持久的清醒和记忆，解构而践行。有许多精彩的事件和说法。

---

① 黄树森：《黄树森集》，广东人民出版社2018年版。

1. 广东报刊 1977 年 10 月最早批判"四人帮"的"三突出论""根本任务论""反映其人其事论"。

2. 我替《南方日报》撰写的特约评论员文章《砸烂"文艺黑线"论，为实现四个现代化而创作》于 1978 年 12 月 29 日刊登于该版头条，极大推动和促进全国文艺界的思想解放运动。

3. 习仲勋说："如果广东是一个独立的国家，可能几年就上去了。"任仲夷说：要"排污不排外"，"日出而作日落而息"。谢非、林若说："不能因为苍蝇蚊子会飞进来，而不打开窗子。"

4. 广东文化繁荣，"乃奇特之论"。"新的东西不太具有永恒性"，只有"共时性"，而没有"历时性"。"精神废都也比精神深圳好"。"鬼火萤火也比现代霓虹灯更富有诗意"。

5. 贫富观："家里越穷，吵架越多"，"富了才能稳"，"有钱剩，人就定"。经济观："别人坐凌志，我要坐奔驰"，"靓女先嫁，不要等到更年期"，"敢为先"，"顶硬上"，"捞过界"。

粤语登上国语辞典

1978 年，"中国现代化的进军，是在岭南这一海滩登陆"。这个看法至今没有改变。"现代化"的理论支撑，我取刘卫国《论现代性的谱系与人道主义的位置》中关于"现代性"四个轮子的论述，即科学主义观念、人道主义观念、市场经济观念、民族主义观念。

"广东破茧""中国破局",改变了人的思维。广东经济文化所凸显的巨大张力,所产生的延续力,对中国认知制度、文化格局的转型,发挥了重要的反重力、托重力的作用。杨东平一语中的:粤文化大肆"北伐",从经济"北伐"到文化"北伐",全方位地改变中国文化格局。

不仅有物质的,最初是玻璃丝袜、太空褛、双桥味精、嘉顿饼干,继而是家用电器。还有观念的,甚至是最稳定的语言。我们当年在新河浦小观园常用的方言新词有:

埋单,花心,入围,生猛,煲电话粥,炒鱿鱼,爆满,按揭,廉租,房车,面膜,咪表,猪头,布艺,搞笑,警匪片,洁具,穿帮,非礼,高企,卖点,另类,置业,楼盘,物业。

许多都被《现代汉语词典》收录。

陈俊年在《有龙则灵》中说:这些"南方的新语汇之所以大量涌现,活泼生猛,有一点是显而易见的,那就是得益于改革开放,得益于观念更新,得益于天时地利,应该公开地承认,南方的许多流行的语汇是直接从境外(尤其是香港)引进的。它们更多的是洋溢着亚热带热辣辣的活力和太平洋蔚蓝色的韵律。"

"百万期刊"层峰邀约

广东省期刊协会名誉会长、广东省政府原参事卢锡铭早些年在一份《参事建议》中曾引用过以下数字。

上世纪 80 年代，广东期刊在全国独领风骚：

1. 月发行量超过 100 万份有 10 家，即：

《家庭》《黄金时代》《支部生活》《少男少女》《佛山文艺》《第二课堂》《武林》《家庭医生》《人之初》《少先队员》。

2. 月发行量超过 50 万份的有 30 家，即：

《南风窗》《新世纪文坛》《香港风情》《共鸣》《作品》《广州文艺》《致富时代》《湛江文艺》等。

3. 文学杂志《花城》单期最高印数 60 万。《当代文坛报》单期最高印数 130 万。

我 2005 年被聘为广东省政府参事，干了十年。卢锡铭、陈俊年，我们共事了五年。卢原是广东教育出版社社长，我们在参事室，共同参与冼夫人、雷州文化、莞香以及汤显祖岭南行调研活动。有次我们三人同坐一辆车在雷州半岛巡游，一路上从雷州石狗谈到人类的生殖崇拜；从高州荔枝，谈到杨贵妃与高力士；从北京正阳门圆而粗的钉头谈到印度的"长石崇拜"，再谈到陈兰彬的 365 字长联。滔滔不绝，一刻都没停。在湛江，老卢下车买来脆皮金桔。我来广东，第一次吃到这种水果。这些年，我们见面少了，每天互发一个微信表情包问候。

教育社的继任社长陶己，她在读本科时，散文写得很好，在上海一带很有名，曾聘请我担任广东省义务教育地方教材《走进岭南文化》的主编之一，后来教育社为我出版了《黄说》《说黄》，所以我与赖晓华、王泽冰、李红霞、刘帅合作了好长时间。在接触中使用率最高的词，是"呈现"两字，概念、文化、思想用什么载体办法呈现给学生们，这可是门大学问。呈现出来以后，那能量可是呈几何级数增长。这套教材后来收入"莞香"条目，在东莞寮步变成一个大事件，镇领导拿着这本书到处炫耀："莞香"进入教材了。经过二十年的发展，广东已有了东莞寮步、中山、茂名电白三条香街。粤、桂、琼、滇、闽五省种植"莞香"新种，据 2019 年数据统计已达 250 万亩，约 5 亿株，广东有沉香树根藏品，估价已达 20 亿元。赖晓华等人编辑《黄说》《说黄》以草帽、烟斗、树跟年轮为象征标记；以"文化缅怀人生洞见，社会淬砺，会通于此，海咸河淡，鳞潜羽翔，得发两端，高处相逢，'攀山千条路，同仰一月高'。盖在于追问和践行生命的终极意义也"为关键句，构成我者与他者、文与人之间一种多重折射、异常有趣的至文关系。实为出版物匠心之作，创新之作。

在广东人民出版社，和肖风华聊天，肖谈风犀利，思维敏捷，见解独到。有次詹秀敏问我熟悉的编辑中有什么能人，我脱口推荐了他。卢雪华责编《春天纪》，陈娟、钟菱责编《广东九章》，黎捷责编《1978》，夏素玲责编《岭海一朵花——感念岑桑》，每一部都有很多故事。新世纪出版社社长符绩才请我当了十年顾问，每年选题会请我讲十分钟话，我可一次也不敢懈怠，花好多时间准备，有两次朱仲南在场，还点赞了。每年新世纪的选题会，能跟年轻人在一起，像过节一样。在花城出版社，肖建国、罗国林时代，赵琪、徐昆华责编的《西窗法雨》；

詹秀敏、张懿时代，李谓等责编的《东莞九章》《深圳九章》，凌春梅责编的《岭南行与临川梦——汤显祖学术广东高峰论坛文集》，每一本书都有很多故事。《西窗法雨》印了 N 次；《岭南行与临川梦》书差不多开印，徐闻领导专程来广州解决营销问题，书还未印好，销售全解决。装帧设计张绮华、张向春、ATAI 以烟斗、草帽、年轮，从几百个"九"字中选出的一个"九"字，窗的形象装饰《黄说》、"九章"系列、"叩问岭南"系列，这在装帧设计界，发的都是刁球，押的都是险韵，都是具竞争力的杰作。

结束这篇文章之前，脑海一直游弋着一个难忘的形象——周圣英。作为粤派出版的一代领头人，他对方圆、藏露、疾涩、燥湿的拿捏、把握得当。我最初认识他，是在珠海开的出版高级职称评审会上，他在看一本好像叫《人类向何处去——百国首脑论可持续发展》的书，引起我强烈的好奇。我对他说：《花城》杂志的封面太差，宜改善，他马上批了 10 万元给《花城》；后来每逢开高评会，他常叫我晚上去打扑克，询问闲聊。陈俊年写出南国书香节的方案，周圣英也叫我去打扑克，征询意见。有次去佛山开会，他特别叫我坐他的车，询问我一些问题，然后就开了音乐，在车里练习指挥打拍子。他是一个非常有个人魅力的人。苏晨、黄伟经、王伟轩、杜渐坤在花城社创办初期都很火热，为写这篇东西，我和一些出版人通话时，常常提到他们。2024 年，陈俊年为我的新作《1978》写序，打了八九次电话给我，还到我家面谈一次，动员了五个人来校对。

粤派出版，新河浦文化走廊，有一个"气"一个"势"，值得长久探索。

这种"气"与"势"的造就，作为粤派出版领军人物之一的岑桑同样功不可没。从《人啊，人!》的横空出世，到《越秀文丛》的蓬勃兴起，再到《岭南文库》开创地方文库之先河的壮举，岑桑手中的"三张牌"，让粤版图书在改革开放的浪潮中一马当先，成为时代的弄潮儿。彼时的广东出版界，既无北京那般深厚沉稳的学术底蕴，也无上海那般精致细腻的文化氛围，岑桑却凭借着其敏锐的洞察力与豁达的胸怀，使得大沙头四马路成为思想碰撞、创意迸发的摇篮。文化精英们纷至沓来，汇聚于此，思想的火花在交流与碰撞中四溅飞舞，文化的种子也在悄然间播撒开来。从改革开放的浪潮初起，到文化市场的蓬勃发展，粤派出版的价值在这片土地上得以充分彰显。

此书的作者们，大多是岑桑悉心扶持下逐渐崭露头角的后辈才俊。他们伴随着改革开放的进程一同成长，亲眼见证了时代的巨变与文化的新生。他们的成长史，恰似粤派出版发展的生动缩影。收录此书的回忆文章，既是后辈们对岑桑的深情缅怀，也是一批珍贵的史料，生动地反映了粤派出版最鲜明的特点——既敢于突破创新，又能扎根现实，脚踏实地。粤派出版之所以在中国出版界独树一帜，正是因为其始终与时俱进，既敢做第一个"吃螃蟹"的人，又能将优秀的作品真正送入读者的心田。

我与岑桑相识相交数十载，共历时代风云，共同见证了粤派出版的崛起与辉煌，往事如烟，萦绕于怀，汇集于笔端，竟如滔滔大河，难以自已。岑桑坚守粤派出版六十余年，出版于他而言，绝非仅仅是一份工作，而是一种"文化托命""续命河汾"的崇高使命。这一形象也已成为粤派出版人最为典型、最为立体的时代画像。倘若这些文字能够穿越时光的长河，让后人得以触摸时代的脉搏，让大家对岑桑有更鲜活的认知，深刻理解粤派出版的真正价值——它不只是广东的文化名片，更是中国改革开放以来思想文化进步的重要推动力量，那么，无论是对逝去的老友，还是对这段波澜壮阔的历史，我都算是有了一个交代。

2024 年 5 月 2 日于广州东湖边

目录

2

老骥伏枥，
擎起《岭南文库》大纛

广东人民出版社

"只要还有船和风，我还是要出海的！"岑桑常常念起海明威《老人与海》里那位老渔夫桑提亚哥说的这句话。如果说岑桑在他早期的文学出版事业上一路"奋楫争先，踏浪前行"，那么退休后主持《岭南文库》则是他"老骥伏枥，志在千里"的又一次扬帆出海。

20世纪80年代，岑桑首次倡议出版大型地域文化丛书《岭南文库》，明确提出岭南地域文化的重要性，开始了新的征程。三十多年来，岑桑倾注了大量心血，大力推动《岭南文库》的持续出版，实现了他当时倡议的初衷：

第一，用300个选题从各个角度展示《岭南文库》的博大、辉煌；

1

第二，希望能推出一批高质量的著作，来证明岭南文化是实体的存在；

第三，把整个岭南文化的版图作一次全面的思考。

（2021 年 12 月岑桑在《岭南文库》三十周年学术座谈会上的讲话）

倡议筹建《岭南文库》

20 世纪 80 年代中后期，全国的图书出版出现了前所未有的繁荣景象，全国各地有关地域文化研究的选题纷纷出笼。时为广东人民出版社社长的岑桑一方面为大好形势感到高兴，另一方面又感到形势逼人。当时广东还没有一套规模较大、能从整体上反映岭南地区古今文化研究成果的鸿篇巨制。他担心广东的出版事业落后于人，内心的责任感和紧迫感油然而生。在一次广东出版的会议上，岑桑提出了编辑出版一套大型地域文化丛书《岭南文库》的倡议，会上得到时任中共广东省委副书记谢非同志的赞同。但这一倡议后因各种原因，未能付诸实施。

当时有人提出异议，岑桑不予认同。他坚定地认为，岭南文化源远流长，植根于中原文化的沃土，融汇本土文化，又吸纳四海风华，自成一系。编辑出版《岭南文库》，能让广大读者了解岭南的历史文化，认识过去和现在，从而激发爱国爱乡的热情，广东出版《岭南文库》是具有可能性、必要性和重要意义的。

1990 年，广东省出版界领导意识到本省出版需要品牌建设，省委宣传部和省新闻出版局于是旧事重提，开始实施编辑出版《岭南文库》的计划，指定岑桑具体筹办此事。并由省内各人文学科有代表性的专家组成编委会，由时任省委宣传部部长任主编、岑桑担任执行副主编（2002 年改任执行主编），在广东人民出版社专设《岭南文库》编辑部，拟定了《岭南文库》编辑出版框架。当时已办好退休手续的岑桑奉命复出，积极为之四处奔走，遍访省内高校和文化界的专家学者，多方征求和听取意见，组织编委会并成立编辑部，搭建丛书框架结构，具体拟订选题，撰写丛书出版宗旨。1991 年，《岭南文库》正式启动，开创全国地方文库之先河。

20 世纪 90 年代初，全国出版界经过了 80 年代改革开放初出版繁荣的阶段，普遍面临着学术著作出版难的状况。《岭南文库》启动之初，也曾面临着经费短缺的问题。后来岑桑得到广东中华民族文化促进会时任会长叶选平的大力支持。到了1995 年，由省委宣传部主导，以及在省新闻出版局和广东人民出版社的支持下，成立了《岭南文库》出版基金，解决了出版经费问题。为一套丛书设立一个专门基金，在当时来说是全国少有的。利用社会基金解决学术出版难的问题，广东是走在前列的。

力证"岭南之地有文化"

在岑桑带领下，1993 年，《岭南文库》被纳入国家"八五"重点图书出版规划。1997 年，当时已出版 40 种专著的《岭南文库》荣获政府颁给图书出版的最高奖项——（第三届）国家图书奖。此后，丛书的陆续出版，赢得了各方面的赞誉。

北京大学著名教授季羡林对岭南文化和《岭南文库》予以了肯定：

> 岭南文化是中华文化的重要组成部分。《岭南文库》各书所研究的既是有关岭南的重要选题，有着鲜明的地域特色，又对研究和弘扬中华传统优秀文化有重要价值，对中华传统文化的研究起到促进深化作用。

中央党校原副校长、著名教授邢贲思，著名哲学家、哲学史家、北京大学教授张岱年，著名历史学家、古文字学家李学勤，著名历史学家、文化史学家丁守和，著名出版家、语言学家、国家语言文字工作委员会原主任陈原等著名专家学者纷纷对《岭南文库》予以赞扬和肯定，认为《岭南文库》是"一套优秀的地域性百科文库"，是"奠基性的文化积累丛书"。

至今，《岭南文库》已走过三十年，加上姐妹丛书《岭南文化知识书系》丛书，品种已近 400 种。皇皇巨著，驳斥了

"广东没有文化""广东是文化沙漠""广东人只会生孩子不会起名字"的奇谈怪论；堵住了"广东历史上没有什么文化名人""没有什么重头著作"的质疑和批评。

主持文库出版劳心劳力

从倡议到筹办，从项目启动到壮大，《岭南文库》已走过三十年，岑桑一直贯穿整个《岭南文库》的发展历程，他在《岭南文库》的出版上劳心劳力。2003 年，他患病住院八个月，心里依然放不下《岭南文库》的出版工作。同事前往医院探望他时，他总是先问"文库"的书出得怎么样、作者意见如何、读者反应如何等等，直到得到明确的答复，他才安下心来。在他人生的最后几天，岑桑仍关心《岭南文库》的工作，一一致电有关同事致谢，要求同事们继续做好《岭南文库》，为文库的发展操心。

三十年来，在《岭南文库》的出版发展工作上，岑桑一直保持着旺盛的工作热情，不断开拓出版新项目。为了涵盖一些规模或影响较小的岭南文化形态，岑桑策划出《岭南文化知识书系》，亲自执笔撰写《前言》和编辑体例，带领编辑前往全省各地联系作者，组织稿件。人到晚年，虽年岁已高，他仍坚持审阅《岭南文库》和《岭南文化知识书系》的稿件；无论风吹雨打，还是夏暑冬寒，他每周都回出版社上半天班，从退休坚持到去世。

致广大而尽精微

三十年来，由岑桑主持出版的《岭南文库》，为宣传和总结岭南文化作出了重要的贡献，已成为广东出版界的金字招牌。

中山大学古文献研究所教授陈永正高度赞赏《岭南文库》的历史价值：

> 《岭南文库》作为地域性的百科全书，是足以传世的。所谓"致广大而尽精微"，《岭南文库》的广大，指它的面很广，以及其精微之处，是指其里面无论是内容还是其他方面，都有所体现。《岭南文库》第一是具有重要的文献价值，以后上百年、上千年，人家都会去看。第二，它有很重要的研究价值，以后要研究岭南有关方面，都要去看它。所以，这套大型丛书，在中国历代的丛书史上是一定能留下位置的。

中山大学中文系教授林岗也予充分肯定：

> 我们行当有个比喻，把书比作砖头。《岭南文库》经过出版社和岑桑先生的努力，已经有近400块砖头垒起岭南文化的金字塔。这可谓是广东文化史上一个丰功伟绩。

已形成品牌的《岭南文库》为研究岭南地域文化的学者提供了施展才华的阵地，已成为岭南的学术园地，是一众中青年学者的成长园地，现在他们已成为各方面的专业核心和骨干人物。陈永正是《岭南文库》的作者之一，他感恩岑桑为岭南学者创造的学术文化出版条件，认为岑桑对整个岭南文化的贡献是了不起的。《潮汕文化概说》的作者陈泽泓也说过：

> 《岭南文库》不光是对文化的尊重，还有对青年学者的栽培。

助力新时代湾区文化建设

2020 年启动的《广府文库》是岑桑再挑重担的一个地域文化出版项目。94 岁高龄的他，出版热情不褪，积极筹谋《广府文库》的创建和发展，并担任主编，为推广和宣传广府文化、助力新时代湾区文化建设发挥余热。

岑桑亲自撰写的《广府文库》总序，经过不断完善修改了29 稿，被认为是对《广府文库》编纂具有纲领性的指导文章，也被确定为今后编纂出版《广府文库》的工作宗旨。

《岭南文库》这颗种子，岑桑用了三十年的心力去灌溉和守护，今日大树已茁壮成长，结出累累硕果，成为广东出版史上浓墨重彩的篇章。岑桑，也因之成为我们永远尊敬的出版大家。

你真的还是一朵花

陈俊年

岑桑的笔墨、情怀与思想

不久前，惊闻岑桑辞世，顿时百感交集，夜不能眠。

岑桑今年（2022 年）96 岁了。他是职业老出版家，年过九旬仍在主编《岭南文库》。他也是业余老作家，一辈子坚持业余创作，出版文学专著 31 部，总发行量 210 多万册，足足影响了好几代人。读初中时，我曾把岑桑名著《当你还是一朵花》整本抄下来。前些天我还找到，在另一本笔记上，也完整地抄录有他的散文名作《松梅篇》，文末注明："1973 年 6 月 8 日深夜抄。"那是我当兵退伍后在和平县文艺创作组工作期间。岑桑是我敬爱的师长。师，是终身受益的良师；长，是我从事出版编辑工作的第一位直接"首长"。这本旧笔记，它见证了岑桑作品的深入人心与影响久远！

　　岑桑的文学成就与创作经验，是一笔宝贵的文化财富，值得全面总结。他的笔墨、情怀及思想，给我留下了尤为深刻的印象。

　　岑桑过硬的笔墨功夫，常发力于文字、文笔、文采。作为编辑名家，岑桑对文字的调遣与运用，素有职业的敏锐与责任的严谨，就如秦牧在《艺海拾贝》所提倡，每每是"经过心灵的厘等称出来的"，从而形成了岑桑文字的"三精"风格：精准、精炼、精美。岑桑遣词造句，格外重视动词。松"傲雪"，梅"含春"，这一"傲"一"含"，"境界全出"——这是岑桑在《松梅篇》中透露的一句写作秘诀。再者，岑桑拥有多副文笔，几乎"通吃"各种常见的文学品种，且均有精品名作传世。其中诗歌、小说，尤其散文，是文学界公认的佼佼者。上世纪中叶，他写小品，一写就写到《红旗》杂志要调他上北京；他写儿童文学，荣获首届冰心儿童文学奖。他还非常创造性地在诗歌中融入杂文的思辨，把散文写成不分行的诗歌，写小说洋溢着散文的抒情与意境……这一切，足见岑桑的才情与睿智，也亮现出他的斐然文采：字里行间流淌着诗意与哲理；可吟可诵的中国诗文音律中，揉进了欧风美雨似的西洋句式与韵味；取材生活化，立意形象化，知识含量古今中外，趣味浓度老少咸宜……岑桑是位慈祥的哲人智叟，读其作品，常有良朋夜话之感。

　　岑桑的情怀，我认为体现得最真切的，莫过于他常用的"谷夫"和"岑桑"这两个笔名以及那首著名的抒情诗《加州怀祖》。两个笔名，寓意着像农夫般地播种文明并像"蚕桑"一样甘于奉献，而且凝聚着他对故乡父老及稻海桑田的深深眷恋（岑桑是顺德人）。《加州怀祖》的"怀"，是诗人远赴美国加利福尼亚州，寻找当年华工凄惨的"命运印记"而发出的悲怆浩叹；"祖"是祖先的祖，具体指被"卖猪仔"，漂洋过海，在旧金山挖金矿的岑桑的老祖父。由老祖父的飘零写及旧中国的凋零——"记下我们这个古老民族／苦难历程中的一段坎坷"（岑桑诗句）。诗，不足百行；泪，湿透纸背；由此，跃然浮现的是，贯穿岑桑作品的一根感情主线——情系祖国和人民。

岑桑对祖国的热恋，往往直接就点燃成灿亮的题目：如《写在秋海棠叶片上的情诗》《为爱寻根》《沙角怀古》《绝塞怀忠》《黎明再光临》《唱给新来的日子》《风流云逸的年代》《未来在笑着》等等。在山水名胜的众多纪游中，岑桑常常感怀于黄河曲折，泰山巍峨，残雪消融，春潮澎湃……把万千思绪提纯成最真挚、最真切的赤子恋歌：无论放声高唱，还是沉思低吟，岑桑声声诉衷肠，献给祖国总是情！

岑桑的情怀也是平民的情怀。芸芸众生，普罗大众，构成其作品人物的主体群雕，如《哀月兰》《强记补锅》《我家二婶》《黑衣姑娘》《野孩子阿亭》等等，写的多是百姓命运中的喜怒哀乐。甚至，他意犹未尽，状物拟人，倾情地为自然界的花果草木，抒写了一系列散文，如《梦归紫云英》《苔花的风格》《杨桃启示录》《草叶如师》等，从而由衷地礼赞平凡中的高大上，草根里的真善美。《强记补锅》，实际上也为我们的人生补上了重要一课：岑桑的一生饱经坎坷，过去遭受不公正待遇时，常驻足于强伯补锅的街边档口。看似为生计而偷师，实质是从心灵上拜师。因为强伯给岑桑补上了强有力的生存勇气和人生信念："命运哪怕再悲惨些也没有什么大不了。不是说'一棵小草也有一滴露水养'吗？只要放得下面子，同样可以活得舒舒坦坦，正如强伯那样。"

岑桑的作品，闪烁着强烈的思想光彩。伴随着思想解放和改革开放的社会巨变，晚年的岑桑思路更开阔，思绪更飞扬，思想更成熟老辣。因而，我们更多地读到了岑桑真实的心思、深刻的反思与奇妙的神思。

"真实是思想体系的一种美德。"岑桑的心思见诸文字，真实得坦坦荡荡，散发出严肃警醒的思想锋芒。他通过自己的笔墨，铭记底层的友善，悲叹人性与命运，更感奋天道的公正！难能可贵的是，在深刻的反思中，他把自己也摆进去，严于解剖，深刻自省。

岑桑常作奇思妙想，多有神来之笔。对春天的感知，他从腊梅报春，"一花独放不是春，万紫千红总是春"的传统诗意中感悟到：真正的春天，必定是"花将一直开上人们的襟怀／绿将一直漫进人们的心窝"。许多人见过、写过雷州石狗，但唯有岑桑以石狗蹲伏百姓家门，看更守夜，憨厚朴实，形神可亲，来比照权贵门前的石狮，从而发现石狗的"古朴之美、稚拙之美、沧桑之美"，揭示出石狗文化最深层、最本质的核心价值："勇敢、正直、忠诚、侠义，以及对平民百姓的彻底皈依。"船过长江三峡，游人总是虔诚迷信地痴望神女峰。写及此情此景，岑桑神思飞扬，充满哲理的警句是他心灵的呼唤："人们啊，当你们在激流中行进的时候，最实在可靠的，毕竟还是你们根据自己苦苦探索而建立起来的航标，而不是神……"

岑桑也像一座航标。他是我们出版界和文学界的榜样和楷模。他曾荣获中国韬奋出版奖和广东文艺终身成就奖，都是实至名归。因为他拥有确实令人敬慕的"三高一低"：人生高寿，作品高产，人品、作品高品德，而且谦逊低调。他提议或主持召开过许多作者作品研讨会，唯独没有开过自己的。前几年，他还一再借用海明威的话来表达心愿："只要有船和风，我还是要出海的。"我还知道，除了"出海"，岑桑还有一个上山的愿望——上井冈山！那是信念之山……

然而，他竟已翩然远去了。

20 多年前，我曾将有关岑桑的出版成就、编辑风范以及对我们晚辈言传身教的感人故事，写成 6000 字的纪实散文，发表在黄树森主编的《当代文坛报》上，题目是《你还是一朵花》。

此时此刻，我最想对他说的一句话便是：岑桑师长，这么多年过去了，你真的还是广东文坛的一朵花啊！

岑桑印象

读初中的时候，虽然很穷，但我还是凑够零钱，特意买来一本心爱的笔记簿，把整整一册《当你还是一朵花》抄了下来。我抄的自然是"文化大革命"前的版本，作者的署名是"谷夫"。尽管"文化大革命"期间把"一朵花"当作"大毒草"来大批特批，但我还是把抄有"大毒草"的笔记簿一直珍藏至今。我觉得，这朵"花"不仅文笔优美，知识丰富，更主要的是，她教我如何做人，如何珍惜如花的青春。所以，我的许多同辈人都把她当作人生教科书，把作者"谷夫"看成是可亲可敬可信赖的青年良师。很可庆幸的是，1977年，大学毕业后我调入出版社，在岑桑同志直接领导下开始了文艺编辑工作。不久，《当你还是一朵花》如重放的鲜花得以再版。说实话，直到看见封面上作者的署名改为"岑桑"之时，我才晓得：原来我们文艺室的主任竟就是我心目中一直十分崇敬的"谷夫"。真是有眼不识泰山！何况他和我，桌对桌，面对面，朝夕相见……

见得最多的，是他那和蔼可亲的笑容。

那时候，省内的中青年作者常来编辑部。岑桑常常闻声离座，微笑着迅速跨步迎上去。那种跨步有如"急急风"，带着喜悦和热切，他那发自内心的问候往往是先从咚咚咚的脚步声传出去的。岑桑对许多作者十分关切，十分熟悉，以致他能敏捷地辨认出许多人的字迹和口音。比方门外刚传来一阵略带沙哑的客家口音，他准会高兴地猜定："哈！程贤章来了！"然后是循声迎上去。有一次，诗人谭学良来访，结果彼此握手的那当儿，岑桑手中的笔掉了下来，惹得笑声四起。

便是在这样亲热的气氛中，岑桑接待过数不尽的作者，和他们谈长篇、谈短篇，或散文，或诗歌，从思想到艺术，从结构到细节，从题目到标点……他总是微笑地凝神谛听着你的高论，你的高见，或点头，或摇头，但眼睛总是笑眯眯地注视着你。然后，他谈他的分析，他的建议，他的期望。炯炯的眼神中闪烁着对你的尊重和信赖。自始至终，你会觉得你面对的不仅是一位知识渊博、经验丰富的文学编辑家，而且是一位推心置腹、肝胆相照的人生老友记。

在岑桑60多年的编辑生涯中，究竟有多少部粤版图书倾注了他的心血，究竟有多少位业余乃至专业作家得到过他的帮助，恐怕是多得难以统计，恐怕连许多受惠者本人也未必完全知晓。只记得他常常一坐就是一个上午，铺开信笺就埋头写将下去，一封接一封，许多是写给那些远在山乡、渔村、工矿的作者们的热情回信。也记得有好几回，岑桑匆忙地掏出小手绢，以孩童般的认真将手绢打了好几个结。我好生奇怪，有一回忍不住问他："老岑，你这是干什么？""啊？"岑桑抬起头，自嘲般地微笑着，"今晚约好去文艺招待所见中山来的余松岩，我怕事情一多给忘了，先打个记号，擦汗的时候好提醒自己。"当然，对于作者中的某些不正之风，岑桑也往往报之以冷峻的微笑。有一回，他接过一封"吹捧"信，他显然消受不了，就当众朗读起来。全信的内容记不清了。只记得其中一段是特意"赞美"岑桑的钢笔字的，说是"岑老，您的字——美如风卷杨柳"云云。读到这里，岑桑忍不住连连大笑，说：

14

"我的字还'美如风卷杨柳'呢！真是笑死人啰！"他的笑，既是对来信者的含蓄批评，也包含着他的自责自谦。因为我不止一次地听岑桑说过，他写的稿子，有时由于字体不易辨认而难为排字工人了。此话大概不假。但我也耳闻目睹，这几年，岑桑兼练书法，练得似模似样，以致《羊城晚报》晚会版专门介绍过他的书法成就。我相信不久的将来，他兴许会爆出个"岑桑书法展"的冷门来。

岑桑的笑声，常常发于肺腑，连续不断，充满着持久的爆发力。他的笑容，富有真学者的风度，却绝无伪学者的架子，有着孩童们的真挚，却绝无夜郎般的孤傲……特别是他对作者的那份笑意，永远是那样热情，那样自谦，那样给人以亲切和温暖，因而他在作者、读者乃至编辑同行中都享有很高的声望。作为后来者，我常常思考着诸如应该怎样当编辑、怎样与作者和读者交朋友等问题，想着想着，便往往不期然地想起了岑桑的笑容……

岑桑伏案疾书的那副勤奋身姿，也常教人肃然起敬。

作为出版社的领导，岑桑是公认的出色的勤政者。他向来主管编辑业务，每年审阅签发的书稿多达数千万字，他不仅练就一目十行的速读本领，而且那些病句、错别字及标点符号，也很难逃过他的"火眼金睛"。他伏案审读的神态，很有达摩面壁的专注和韧劲。整日整日地全神贯注，只听见翻阅书稿的声音。读到精彩处，他才笑出声来，击节称赞。别人上班"一份报纸一杯茶，两个烟圈吐半天"。岑桑却忙得连上洗手间都常常疾步如风，而且每每出到走廊，又匆匆折回办公室，找几份报纸往腋下一夹，这才满足地前去"蹲点"。那时候，广州的电话真难打，十拨九不通，要耐着性子避忙音。遇上这种时候，别人等电流只会一味唉声叹气，岑桑却是惜时如金，见缝插针：一手抓着听筒，一手扬起报纸，在等待的间隙中，满有兴致地浏览着报上的各种信息。

在编辑部里，总有些很活跃的"长气侃爷"，一侃起来，滔滔不绝，没完没了。这时，岑桑通常是起身离座，微笑着走到人堆中间，悄声地问：某某的信，你复了没有？或问：某某的稿，你几时看完？他这一问，令侃题即改，编辑部很快就恢复了"办公秩序"。的确，在岑桑的面前，谁都很难偷懒。倒不是他有什么铁的纪律、铁的手腕，而靠的是以身作则，他比你上班早，比你下班迟，他的工作热情和效率总是远远超过你，令你感动都来不及，你还好意思偷懒！这30多年，岑桑虽然退休了，但他仍然全身心扑在一往情深的出版事业上。记得1991年大年初一，我接过许多贺年电话，但坦率地说，岑桑的最感动我，你听听"……喂喂，俊年吗？新年好！新年好！今年你有什么新打算……啊，好，好！喂，我想跟你商量一下，过了年初四，我想开个《岭南文库》编委会议。议题我昨晚拟了一下，总共有四个，第一……"接完电话，周围正响起鞭炮声，望窗外满街是熙熙攘攘的闹春人潮，心想：这样的喜庆日子，全国都放假了，老岑，你却从除夕夜到年初一仍然念念不忘工作、工作、工作！我不由得想起了你在你的散文中的不断呼唤：

"时间，时间，时间"——"这是因为我痛心于失落得太多的时间。"——"任它岁月如流水，依旧豪情似大江"！老岑，你的生命果真似奔腾不息的大江啊！

熟悉岑桑的人都知道，从 80 年代到 90 年代初这十余年，正是岑桑从壮年步入老年的转折时期，然而，也恰恰是他的事业的辉煌时期。从公务来说，这期间，他当了多年的广东人民出版社（实际上包括广东教育出版社和新世纪出版社）的社长兼总编辑，为繁荣和发展广东出版事业作出了贡献。与此同时，他本人的文学创作也欣逢特大丰收季。他到 90 年代初一共出版了 25 部著作，包括小说、散文、杂文、评论、诗歌及儿童文学等等，其中有 19 部专著，是在这十余年间出版的，总字数达 300 多万字。在那样繁忙的行政公务中，岑桑竟然撰写了如此丰厚的文学作品，这在广东作家群中委实鲜见。那么，他究竟用了什么"秘密武器"，他是怎样刻苦地写作的呢？

作为许多时候的现场目击者，我可以作证的是，岑桑虽然是一位优质高产的著名作家，但他更是一位如假包换的业余作家。他的所有作品几乎都诞生于他的业余时间。午休之时，所有的编辑都在办公室里打铺"卧倒"了，唯有岑桑没有午睡的习惯。午饭后，他常常沏上一杯茶，铺开稿纸拿起笔，埋头伏案，奋笔疾书，只听见沙沙沙的笔底生风。那种亢奋与忘情，令他执笔的手不停地迅速挪动着。一个中午下来，一篇佳作，一气呵成，无须重抄，即可发排。下午的上班铃响，往往叠合着岑桑新作的问世婴啼。这当儿，岑桑会时不时轻声朗读起他的新作，让我们分享着他那未尽的激情与兴奋。

记不清有多少个夜晚和节假日了，岑桑放弃了对天伦之乐等等的享受，或是有家不归，或是归家不久又出来，独个儿悄悄躲进办公室里，一盏台灯长相伴，通宵达旦地"填格子"。那时候，办公条件十分差劲，夏夜停电，风扇不转蚊虫多，熏人的是一盘蚊香，流泪的是一支蜡烛。岑桑却微笑着作一篇又一篇的《残雪断想》《沙角怀古》《宝瓶口遐思》……以及写下了一篇又一篇的诸如《唱给新来的日子》和《风流云逸的年代》……说实话，那时候的物质生活还很贫乏，即使加夜班也难找个馆子去宵夜。岑桑填肚子的办法是因陋就简，或是几块饼干顶一夜，或是把下午消暑的汽水留待晚上喝。总之，吃喝之类他不大讲究。有感于此，我常常觉得，岑桑虽然是个很有名气的文人，但他的本质仍然是农民的儿子。不是么？"谷夫"者，种田人也。"岑桑"者，"蚕桑"的谐音也。老岑，你以你的名字以及你在田畴般的稿纸上的辛勤耕耘，证明了你不愧是一位勤劳智慧的顺德佬啊！

岑桑向来乐于思索。早在 50 年代，便以犀利的目光关注、思索着国际风云，满怀激愤地写下了一大批深受读者欢迎的国际小品。从 70 年代末开始，应该说，岑桑的目光变得更为深邃，更加睿智了。因为同室办公，我常常看见岑桑那副陷入沉思的神态：目不转睛，屏息凝神，紧闭的嘴唇时不时蠕动着，仿佛牙床里正在嚼磨着某种坚硬的思想内核，双眉时锁时开，睫毛时扑时闪……然后他或是轻声叹息，或是沉默不语，如此反复三思，也许是达到思想的沸点了，他眼睛一亮，敏捷地铺开稿纸，飞快地挥笔写下去……

分析岑桑这些年来的思想轨迹，我们不妨把目光回望得更远一些。

粉碎"四人帮"之后，经过拨乱反正，党的十一届三中全会确定了基本路线，从此，我们的国家进入了社会主义新时期。剧变的时代振奋了亿万人民，使我们获得了前所未有的崭新生活。真理标准的讨论实质上是一场人人受益的思想解放运动。它为每一个勇于追求、勇于探索的思想者开辟了宽松且广阔的思想天地。在这个时代背景下，中国一大批具有良心的当代作家，紧紧跟上时代的步伐，从个人的生活经验出发，努力寻找与同代人的血肉联系，积极寻找历史的底蕴，以更自觉的责任感和更强烈的紧迫感，大胆突破，敢闯敢试，既严肃地反思过去，又热切地拥抱现实，无论怎样评价，新时期文学主流是好的。岑桑的新作（包括他经手编辑出版的一批文学新著），便大都是在这个时期勇于思索的结晶体。思辨色彩益发强烈，哲理因素益发饱满，生活透视益发真切，构成了以深沉清朗为基调的崭新气质，这是他前期作品所鲜见的。尤为可贵的是，在探索和思考的过程中，岑桑紧紧抱住"文化大革命"和"改革开放"这两个截然迥异的重大事件不放，对前者彻底批判，对后者由衷礼赞，老作家和老编辑的勇气和胆识跃然纸上，体现了岑桑对真善美的追求已跃上了一个新的高度。

记得打倒"四人帮"不久，面对十年浩劫造成的严重书荒，岑桑作为"老出版"更是心急如焚。他和同事们经过紧张的策划和"密谋"（那时候还需要来一点"地下工作者"的策略呢），火速拟订出包括《苦斗》《三家巷》《黄金海岸》和《山乡风云录》等在内的一大批重版书目，以解广大读者的渴求。对于这样一件大好事，想不到编辑室也有人坚决反对，并且打小报告告黑状。岑桑对此倒相当冷静，义无反顾，只是悄悄地抓紧审定这批书的再版封面，甚至亲自跑到印刷厂去校阅清样，抢时间，抢速度，使广东文坛上一批受禁已久的鲜花得以及时地重新怒放。大概是两三年后，当那位同志调离出版社时，岑桑才在欢送会上作了一番语重心长的勉言："左"的东西根深蒂固，不仅领导有，我们也有。你反对重版那批书，说真话当时我也心有余悸。这是不足为怪的。关键是，面对新来的日子，我们都要在各自的岗位上坚决执行"双百"方针，敢于顶住"左"或"右"的干扰，这才是责任编辑的责任所在。应该说，正是由于有一群像岑桑这样富有胆识的编辑的大胆实践，广东出版界才在第一次思想解放运动中赢得了赞誉。人们不会忘记，那时候，广东不仅诞生了大型文学杂志《花城》，而且在大陆（内地）率先引进港台文学作品如《黑裙》《寒夜的微笑》以及武侠小说《萍踪侠影》等。引起轰动的长篇小说《人啊，人!》也是在广东出版的。

与此同时，他追随时代前进的步伐，以自己勇敢的实践和丰硕的成果，为新时期文学大厦添砖加瓦，为文学新潮推波助澜，最显著的我认为有两点：一是岑桑对真理的追求锲而不舍。"文化大革命"的磨难，并没有使他有任何的消沉。相反，他以悲愤的泪水擦亮视线，以更加犀利的目光透视历史的底层，剖析谬误，认识真理，在思索中苦苦追求，在追求中加深思索。而这种对真理的求索，在他的新作中，又往往是通过形象和情感加以集中而显现的，比如他的《填方格》《躲藏着的春天》《残雪断想》《早春》《太阳的故事》……二是他对创作怀有开放的心态。有些人年纪稍稍一大，心态就变老了：或是光凭老经验，拒绝接受新的事物；或是以资历为本钱，专吃老米。岑桑的心态却依然青春勃发。他对新时期的生活，对改革开放的变化，更敏感，更关注，更是全身心去投入，去感受。他常常回顺德住上三头两日，接受故乡热风的亲吻。报告文学《从三保太监船队带出的故事》便是他献给父老乡亲的深情恋歌。那首《在风中》得于他的虎门之行。他借"虎门的风"，呼唤历史的前进必须紧紧依靠人民的力量，改革的力量，进步的力量；呼唤在引进外资和技术的同时，对于那些属于全人类所有的精神文明也要积极引进。有关改革开放题材的作品，在岑桑新作中占相当大的分量，这正是他热切拥抱新生活的真挚情感的自然流露。

岑桑之所以常写常新，充满青春朝气，我认为还有一个重要的原因是，他从不认为接近和学习青年就会辱没自己；他不以老自居，不因名人而高傲得瞧不起小字辈。相反，在他的书信中，在他的交往中，甚至在他的选稿倾向上，他更多的是关注青年一代，向他们"倾斜"，和他们交心，从当代青年中吸取生命和艺术的活力，与青春结伴前进。从这个意义上说，岑桑还是"年青人"，还是"一朵花"。

记得岑桑的客厅里，挂有一副对联。如果说过去是他的自勉，那么如今他是应当自慰的——俯仰无愧天地，褒贬自有春秋！

赤子情怀 真挚文章
——读岑桑诗文的感想

林 岗

　　我是因为自己的书稿才认识岑桑的。

　　大约 2013 年我一时起兴，写了本探讨秦征南越的小书。稿子辗转递到广东人民出版社《岭南文库》编辑室，几个月后编辑谢尚拿着稿子和一封信来找我。说书可以出，我们的主编岑桑写了几条意见。她还补充道，他可是我们八十七岁的老领导。看着苍劲曲折的笔迹，足写满了三分之二张纸。我心生感动，这是我头一次接到这么仔细认真的主编意见，而且出自一位伏枥老骥般的前辈之手。虽然素未谋面，此前也没有读过他的书，但却使我心生好奇。这是一位什么样的人？

　　他提的一条意见说，我既然探讨秦征南越，那秦始皇为什么要征南越，总是要说一说原因吧。他的意见十分合理，可我却忽略了。这提醒十分及时。岑桑对岭南地域文化的偏爱和熟悉给我留下深刻的印象。后来又从图书馆借来了他的广布人间的成名作《当你还是一朵花》，以及《当代岭南文化名家·岑桑》《岑桑散文选》，还有他手订的《岑桑自选集》。这些书和他近七十年的编辑和笔墨生涯写的三百万字相比，仅仅是不多的一部分，读过之后有些感想，写在下面。

一

在中国现代史上，有整整一代人是很特别的。他们身上的青春激情至老而不衰，品格单纯如同白纸，一望而知。站在今天的认知，未尝不可以说这一代人显得初心"幼稚"。但也正是这"幼稚"帮助他们度过了建国后的多场政治风雨，也使得他们在政治风雨平息之后经济大潮汹涌、价值观浑浊的时代一尘不染。

不是说要不忘初心吗？"不忘"意味着要提醒，意味着要耳提面命。这一代人根本不需要耳提，不需要面命，他们本身就是那个"初心"。无论已是怎样的十指嶙峋，无论多少道皱纹上了眉梢，只要一息尚存，他们心里装的就是国家，他们手里做的就是工作。我觉得，没有比赤子情怀一词形容刻画这一代人精神内核的本色来得更加准确的了。

这一代人如今的岁数，大致相当于我这个 50 后的父辈年纪。他们生于新文化运动之后到 30 年代前后，年少多难，风华正茂的学生时期又适逢抗战救国。"五四"的激情和进步思潮透过文学、舆论宣传进入他们成长时期的精神世界，而匹夫有责的抗战救国进一步塑造了他们共赴国难的民族意识。"五四"新思潮的价值观和抗战的淬炼共同塑造了这一代人的人生观和品格。追根溯源，这一代人的激情、纯粹和始终如一的坚持都可以在"五四"和抗战这两大历史事件里找到其"原型"。

这一代人最吸引我的，不是他们的激情，甚至也不是他们的才华和功业，而是他们的单纯和因单纯而在政治风浪面前的坦然，还有在浑浊之世的无染。如果需要向某一个世代的前辈致敬，我愿意选择向这一个世代的前辈致敬，他们对我来说高山仰止。

毫无疑问，岑桑就是这一代人里极其出色的一位。他的文学活动最早可以追溯到20世纪40年代初，那时因为日军先在大鹏湾登陆，而后广州沦陷。他从香港辗转流离到其时设在后方韶关的名校志锐中学读书，不过是十五六岁的中学生。他填了一首歌的歌词，取名《更夫曲》。歌词如下：

> 更夫啊　请告我那
> 时序迁流的预兆吧
> 啊　岁月将会交织
> 什么欢乐的信息
> 何时何日得高唱
> 那庄严嘹亮的乐章

> 更夫啊　请告我那
> 时序迁流的预兆吧

　　他自己将这首短诗称为"稚作"，而他当时的同班同学周湘玟相隔七十多年之后还说，"我最喜欢《更夫曲》"。应该说，歌词的句子不算修辞成熟，尤其语言与作者想传递的生活经验之间还有一定程度距离。随着时间的流逝，与那个时代的生活经验拉开了距离的读者，难以拨开语言的尘封领悟作者想表达的生活经验，获得共鸣，但是与作者一同走过的同辈人对此却毫无困难，单是歌词开篇的祈问就足以将他们带回那难忘的岁月。

　　我今天读《更夫曲》，更多地将它看成是已经远去的历史借助清浅的语言而回归的帆船。尽管这样，我还是被它所蕴藏的东西所震动。当年叫做大后方的韶关岁月，无论对于岑桑还是对于他的同学，很多人都是故乡沦陷，家人音讯渺茫，生死未卜；而学校生活清苦，饥饿，营养不良，面有菜色，更别说政治的昏暗，应该是生活的常态；国家、民族的存亡更在前途未定的奋斗之中。在这种无论大环境还是小环境都极其恶劣的情形下，岑桑第一声文学的啼唤，没有半句怨忿之词，没有半句一己的私吟。

　　"时序迁流"短短四字，将所有环境给予的悲苦、不幸、流离一笔带过。如果我们不是回到历史的现场，所谓悲苦，所谓不幸，所谓流离，甚至不会附着在歌词句子的修辞之中。在有苦无乐，只有忍耐，只有牺牲的年代和环境，岑桑和他年稚的同学祈问和等待的只是"那庄严嘹亮的乐章"。这是一种什么样的激情？这是一种什么样的单纯？而我们知道，"那庄严嘹亮的乐章"还要几乎十年之后才在天安门城楼奏响。无论怎样问更夫，都是问不出来的。其实，是否问得出来无关紧要，紧要的是盼望，紧要的是有追求"预兆"的热情。

《更夫曲》像一条清澈的小溪从那一代人的心泉里流淌出来，也浇灌着他们的精神田园。而我的疑问依然是，他们在国仇家难如此恶劣的情形下，为什么只问"岁月将会交织／什么欢乐的信息"？那当然是一个苦多乐少或简直有苦无乐的年代。要解释洋溢在那一代人身上的纯朴、激昂、向上奋斗的激情，仅从那时的现实社会情形或者"多难兴邦"的古代理由来理解，是不能完满的。

在岑桑清浅的《更夫曲》里，我看见了"五四"新思潮的烙印。没错，岑桑那一代人不是召唤并推动"五四"的一代人，他们是接受了"五四"的洗礼，吸取了"五四"的精华而成长的一代人。"五四"新文学、新文化、新思潮，"五四"的白话文运动和社会运动，短短数年，一扫暮气横秋的老大中国气象，代之以青春少年的气象。"民主""自由""科学""光明""进步"，这些新词汇所代表的人生观、价值观和生活风貌，哺育和塑造了这之后长大并叩问人生的整整一代人。他们的人生的底色就是由上述的词汇凝练而成的。

岑桑《更夫曲》透露出来的清纯、昂扬格调就是"五四"

的时代精神在抗战岁月的回响。如果我们喜欢《更夫曲》的昂扬、纯净和清澈，那也是"五四"新文学、新思潮的价值追求在国难当头的时刻塑造起来的昂扬、纯净和清澈。如果我们觉得《更夫曲》清浅、幼稚，缺乏劫后重生的深刻，那也是上述新词汇容纳的内涵本身就缺乏应有的历史深度而显现的清浅、幼稚。无论我们怎么看，也无论我们怎样感受那一代人的文字，有一点是不变的，这就是他们属于"五四"精神的产儿，血液流淌在"五四"的血脉。他们的人生与价值，和"五四"精神气脉贯通，息息相连。

二

写了这么多，并不是想说《更夫曲》的文学成就有多么高，而是想说它完整地表露了一个人以及那个时代的本色，不但情怀、生活感受，就算是修辞，也是如此。而这本色并不随这段岁月的结束而消失。有意思的是它构成了岑桑此后文学生涯和写作不变的基调。这是十分难得的。就像熟知的那样，建国之后我们经历了三段十分不同的岁月。以十年"文革"为分界的中段，前有 17 年，后有改革开放至今。三段不平凡的岁月，酸甜苦辣，贫贱富贵，人间沧桑，应有尽有。这三段截然不同的岁月，足以将人塑造得昨是而今非，足以将人改造得面目全非。但在这沧桑巨变里只有一代人的精神境界和内心追求始终不变，这就是岑桑所属的那一代人。

　　上个世纪 50 年代对于刚好而立之年的那一代人来说，是一个简单质朴的火红岁月。一天的早晨，一年四季的春天，一生的童年，顺理成章构成岑桑《当你还是一朵花》抒怀寄望的对象。这就是胡风长诗《时间开始了》的那个"开始"的意象。"开始"就是那时社会和时代的象征，几乎所有的事物都翻开了新的一页。艰难、污浊和阴险不是没有，而是被放下了。正因为这样，我们在所有的"开始"里，看见了纯净。意象的纯净、感受的纯净和思想的纯净，统统都通过句子的纯净显露出来。作者看到一群早起上学的孩子会联想："只有你们出现的时候，早晨的美才会臻于极致。也只有你们尽情欢笑的时候，春天才算真的到来了。我看你们真像露水晶晶的花儿，开在伟大祖国万里葱茏的常青树上。"我认为就是这纯净，打动了当年阅读岑桑同名散文集而比他略晚一辈的读者。

　　1949 年出生的陈俊年在他的岑桑印象记《你还是一朵花》中提到自己成长中的一件事："读初中的时候，虽然很穷，但我还是凑够零钱，特意买来一本心爱的笔记簿，把整整一册《当你还是一朵花》抄了下来。"这是一个动人的故事，怪不得这本现在看来平淡无奇的散文集当年能 12 次再版，印数高达 52 万册。"文革"之后，读者再也读不到这么温馨和动人的故事，理由很简单，社会和人心不再纯净。不过，不再纯净不是没有纯净，而是纯净潜入到不是一眼就能看见的内心深处，而它的外表裹着洞见，略显沧桑。就像人长大了，不是统统都丧失了天真，而是当初的天真也一起成长了，不再像稚子那样表露出来，而是潜入内心，化为内在。

"文革"之后岑桑再次拿起笔。他还是写一天的早晨。这时候早晨在他的笔下就有点格外不同了。岑桑在《黎明再光临》中写道："黎明最伟大的功绩不在于他赋予人间以良辰美景，而在于他让人们看得见脚下坎坷和漫漫前程。"该文写于1981年，它与写于50年代的《当你还是一朵花》一样，饱含深情，激情澎湃，但是由于与国家的坎坷一路走来，经历风雨，他的深情更加成熟，更加具有思辨的厚度。黎明在一天中所具有的"开始"的意义有所减弱，而黎明对于前进中的生活价值却突显出来。

他还是写四季中的春天，1995年他写了《又是春天》和《春天的对话》两文。这时候，岑桑固然看到春天"冰化雪消，草木萌发，燕雀啁啾"的一面，但是他又看到了春天的另一面。用他的话来说，他也要说说关于春天的"大实话"。岑桑写道："这个向为诗人们情有独钟的季节，除了花花草草，还有与之俱生的芒刺蒺藜；除了蜜蜂蝴蝶，还有与之并存的虫豸蛇蝎。立春之后，在远方逡巡的寒流还会伺机而至。料峭春寒，路边仍难免有冻死之骨。"世界本来是丰富的。就世象的事实而言，任何时候的春天虫豸蛇蝎都与之并存，任何时候的春天都会有寒流间至。散文家的笔锋倾向错综的世象，显然是经历艰难之后世事洞明的结果。

不过，并不是所有诗人在经历艰难之后都能将洞明的社会人心的实相说出来。巴金将"文革"后秉笔所写随笔取名《真话集》，含义至浅而深远。诗人要有真挚之心，有一如既往"实说"的情怀，才能将伴随着社会一起成长的"真话"借笔端抒写出来。与二三十年前的散文相比，岑桑笔下的世象是变化了，变得更错综更复杂。同是黎明，同是春天，它更加接近自然万象本身所具有的面貌，自然万象所隐喻的含义更加深广。不过变里依然有不变。不变的就是诗人的纯净之心。岑桑"文革"前的散文，它的纯净之心和纯净的意象是重合一体的。"文革"之后的散文，其纯净之心上升为"大观之眼"而不出现在文辞的表面。唯有文辞意象的错综才能显出世象的本来面目，而唯有具备纯净之心的诗人才能感悟和洞识世象的本来面目。我以为，这是岑桑作为诗人和散文家跨越半个世纪的写作最可宝贵的地方。

三

岑桑有一类散文写得格外的好，我很喜欢读。这就是他写自己的散文。这里的所谓写自己的散文不是一般意义上自我所见所感所思的散文，而是指经历坎坷伤痛之后反观自我的散文。诗人随着年增齿长，所见越多，所经历越曲折，笔下的世象越加丰富多彩，这或是题中应有之义，能够做到这一点的诗人也所在多有。但经历坎坷伤痛而又能够审视自身，则非有强大的自我不可。岑桑就是这样的具备强大自我的诗人。

坎坷伤痛当然留下伤痕，而易生怨愤，但若是沉浸于怨愤，自悲自伤，一如古代士子"怀才不遇"，文辞固然容易感人，但为文的境界终是略逊一筹。好的散文当然不能脱离自身的际遇和经历，但又要能超乎其上，仅仅是自悲自伤则不能传递深广的感悟。一个足够强大的自我就能升华和深化生活经验，从而使坎坷伤痛传递出比仅仅自悲自伤远为深刻的意味。岑桑写自己"文革"经历的一系列散文就是这样的范例。

岑桑追忆"文革"里令人啼笑皆非的心酸记忆，写下《强记补锅》一文。今日读来似乎难以理解；而放在当日，打入贱民行列的人能出此奇招，应该也不多见。被戴上"反动文人"的帽子，笔墨生涯当然是没有希望的了，一家老少的生计自然忧虑在心头。这时候住宅附近青砖墙下的小摊"强记补锅"，让岑桑发现它的另类价值。他动起了偷师学艺，日后补锅谋生的念头。文章生动地追忆了这个心酸的过程，他怎样暗中观察，怎样在家里模仿操作。

这个故事今日写出来自然带有诉说"文革"荒唐和命运不平的意味，但若仅仅如此，似乎还欠火候。出彩的是，模仿强记补锅，操作有成，自信心油然而生，岑桑笔锋一转，写道："好，让我就选定这营生吧！想到自己将来可以自食其力，凭着这门手艺养活一家老少，并且得以远离恐惧与屈辱，抑郁已极的心境竟忽然变得平静起来，觉得命运哪怕再悲惨些也没有什么大不了。"

散文的境界要靠作者的人生品位来体现。在这里显然是岑桑强大的内心使他超出了自我悲叹，或者说这和停留在悲叹命运不公不一样，岑桑在荒唐的年代荒唐的命运中显露了平常心，发现了小人物生涯的价值。人间百艺，写作亦无非其一。能在屈辱不平之际自强自尊，不自悲自悼，一心自食其力，期望远离恐惧与屈辱，这其实就是佛说的平常心。不是提倡知识分子放下"臭架子"吗？与所有由上使下的"思想改造"不同，患难之中的自爱自强才是真正的放下。故事固然令人啼笑皆非，但非作者的人生境界超乎其上而无以致之。如果略为推开去说，岑桑学补锅的故事也可以归入岭南人逆境之中求生求存的倔强精神，谓之岭南风骨，丝毫不过。

　　"文革"焚书的火光相信不少人都见过。抄家焚书的一幕，我至今闭目即涌上心头。但是自焚自毁书，流传下来的故事不多。之前我听说过最为不可思议的，是社科院文学所的老先生范宁，将自己保存的罕世珍品全本明版绣像《金瓶梅词话》半夜丢到北京护城河里的故事。可惜范先生之后也没有留下此事的任何文字。或者哀莫大于心死，不说也罢。但作为晚辈，后人总想按迹寻踪，看看文明史也不多见的"破四旧"，在亲历者心里留下什么。

　　恰好岑桑的《午夜焚书》记录了他"文革"中焚书的心路历程。凡是自焚自毁的书，其实都在存毁两可之间。被抄家者看见的，当然抄没；而自己焚毁的，至少是暂时避过了抄家的风头。避过了风头而悄悄自毁，当然是因为当时社会气氛传递到内心而生出的莫名的恐惧感。岑桑将这一幕写得十分生动。"我的两箱放置在阁楼暗处的线装善本书，居然逃过了他们的金睛火眼。我为之高兴了不到三秒钟，便立即被一种难以名状的恐惧所镇住了。我深信勇士们会再来（后来事实果真如此），那两箱书将会加重我的罪名，使我受更多的皮肉之苦。"

　　读书人视书为精神的家园一如农夫视土地为命根子。看着火焰吞噬父辈留下的书籍，看着心血化为灰烬，作者"先是泪流满脸，嘤嘤而泣，终于禁不住号啕大哭起来"。如此珍贵的书籍夜深人静之时舍得焚毁，当然是书籍的贵重敌不过生活的恐惧。焚掉是为了免除恐惧，而一旦"罪证"清除干净，是不是就一身轻松了呢？岑桑以动人的笔墨写出了自己从恐惧到怀有犯罪感的心理变化过程。书烧掉了，"我如释重负。可是当我看见那两个制作精致的木箱已变得空荡荡，沉重的犯罪感便又立即像铅块一般曳坠在心头。我后悔、内疚，责怪自己为什么慌张得不去选择另一种本来并非不存在的办法，而偏偏要出此下策"。我相信没有人会责备作者当年的一时软弱。希腊的古代哲人将人比作芦苇，而风暴一至，不弯则折。作为读者倒要赞赏岑桑秉笔的勇气，能将这种透视时代社会的个人隐秘的经验和盘托出。没有强大而纯净的内心世界是不容易做到的。

　　类似的散文还有《抗拒从严》，忆述"文革"中痛打儿子的经历。当年做的事也许不明不白，而事后不能忘怀，浮上心头，正所谓痛定思痛。这篇散文就是岑桑痛定思痛之作，他的自我分析令人印象深刻。岑桑将之归结为"自己积淀于内心深处的奴性的一次恶性发作"。这不是简单的自责，而是在反省中折射出社会与人性。这是好散文必不可少的。

岑桑那时的处境，刚好就是"抗拒从严"的对象，环境对于他的压力可想而知。必须学会驯服，至少是表面的驯服，方能生存。环境的这种压力复制入其处世方式之中，影响到他对儿子如何做人的要求。儿子年幼，不能理解父亲的"苦心"，故而顽抗，于是招致痛答。人性的软弱折射了社会的扭曲。这篇好散文提供了一个环境的横暴如何扭曲人格并将扭曲的后果强加给下一代的社会心理学案例。写到这里，我想起鲁迅《杂感》里的话："勇者愤怒，抽刃向更强者；怯者愤怒，却抽刃向更弱者。"惨痛之事落在他人那里，我们尚可以做个观察者，要是亲身经历其痛楚可知。鲁迅是批评国民性，岑桑是自挖痛根；鲁迅是勇于指出，岑桑是沉痛反思，坦荡表达。"五四"所一脉相承的向着"光明""进步"的纯粹精神和勇气，在岑桑后来散文写作中就是这样发扬光大。

一篇短文不能穷尽岑桑跨越半个世纪的写作。半个多世纪，社会变迁，人间沧桑，岑桑在不同时期的写作，其题材、笔法和视点当然不是一成不变的。就文学的成就来说，读者可能更喜欢他80年代以来的写作。他的感受、思想变得更加深刻，视野更加开阔，知识亦更加丰富，因此散文也更多姿多彩。

他在各个时期具体的变化固然值得评论者大做文章，然而更吸引我的，是他的写作贯穿始终的激情，写之不尽的家国情怀，一以贯之的赤子真挚。无论施之什么文体，诗也好，散文小说也好；无论哪个时期，"十七年"也好，"文革"结束之后也好，岑桑文学始终如一的本色，我以为是更可宝贵的。在观察作家写作史的时候，过去一个世纪里，不缺乏的是变化，看到太多的是随波逐流。于是在阅读岑桑文字的时候，字里行间的纯净，赤子般的坦荡，既让我感动，也让我想得更多。我愿意引用一段他理解文学的话结束此文。他说：

> 文学的存在价值，主要在于它作用于人类的心性，使之世世代代不断潜移默化于美、于善、于爱、于仁、于义、于高洁和良知的氛围之中，从而清扫心性之中的阴霾和污垢，逐渐淡化未必不是与生俱来的劣性，使人类的精神境界慢慢变得清新、明朗，阳光普照。

岑桑留给我们宝贵的精神财富

陈海烈

2022年2月26日下午3时，岑老走完了他96载的人生之路，溘然驾鹤仙去。噩耗传来，深感悲痛！岑老，您是好人，您是仁者，愿您一路走好！

岑老生于1926年，广东省佛山市顺德区乐从镇葛岸村人。1949年毕业于中山大学。1949年参加工作，初时在中学任教，不久到文化和出版部门工作。他是中共党员、编审、中国作家协会会员，历任广东省作家协会副主席、广东人民出版社社长兼总编辑、《岭南文库》执行主编等职。荣获中国出版界首届"伯乐奖"、第九届"韬奋出版奖"、第二届"广东文艺终身成就奖"，被授予"南粤出版名家"称号，是"当代岭南文化名家"、享受国务院政府特殊津贴的有突出贡献专家。

岑老，您在出版界德高望重，成就卓著；在文艺界德艺双馨，硕果累累；您不仅为社会和人民留下了丰富的文化财富，而且还给我们留下了弥足珍贵的精神财富，时时砥砺着我们不断前行。我们含泪回忆您那可亲可敬的仁者风范，感念您留给我们那堪称无价之宝的精神财富！

一

岑老，学而不厌，求知不倦，是您的好学之风。您生活在一个侨民家庭，祖父岑辑熙早年被"卖猪仔"到美国旧金山，后来艰辛创业，苦心经商。父亲岑泮根曾就学于岭南画派著名画家高奇峰门下，以书画自娱，广购典籍，博览群书。书香弥漫的家庭，使您受到良好的教育和影响。您从小就懂得"少壮不努力，老大徒伤悲""书到用时方恨少"的古训，时不我待，奋发攻读。

您阅读的书籍涉及古今中外，相当广泛，从您前期赠给广东人民出版社的 100 多种线装古籍来看，就有十三经、二十四史、文字学、训诂学、音韵学、唐诗、宋词、元曲、古文论等多种门类，外国文学名著也是您喜欢阅读的品种。您博览深思，笃学辨究，于书山筑路，在学海造舟，不断吸收古今中外优秀文化的营养。您早年在韶关、贵州读中学时，就迷醉于文学，念初二时开始发表文章，在中山大学法学院社会学系求学时已发表文艺作品近百篇，是"出名趁早"的青少年作家。参加工作后，您常利用工作之余坚持学习与写作，中午别人休息，您却读书看报，奋笔疾书。您与时俱进，喜欢接触新事物，搜集新信息，吸收新知识。在二十多年前，当很多年轻人还不懂得使用电脑、不少年事已高的老翁不知电脑为何物之时，您已经游刃有余地用电脑打字写作、上网浏览图片、查找文史资料。您每天必读书、必看报。2002 年，您住了 8 个月的医院，那期间，只要一天看不上报纸，您心里就感到不自在，好像缺了什么似的，常叫家人或同事带书带报到医院供您阅读。您自己订了多种报纸杂志，加上各杂志社赠您审阅的刊物，每天都坚持翻阅。电视新闻频道是您的首选，国内国外大事要闻，您谈起来滔滔不绝；您 85 岁高龄时还能在中学生面前背诵唐诗宋词和周敦颐的《爱莲说》；在医院重症室治疗期间，还能熟记不少同事的手机号码，叫孙女代您给同事打电话。您那超强的记忆力，您那广博的文化知识和丰厚扎实的学术功底，是您不凡的天赋和学不辍、求不疲的精神所使然，是我们学习的榜样。

二

岑老，开拓创新、与时俱进是您的风格。您不管在逆境或顺境，都把这种风格发挥得淋漓尽致。您的老友邝雪林曾在《男儿当自强——我心目中的岑桑》一文中，记述了您"文革"中在"五七"干校打泥砖的情景：寒冬腊月，冷风刺骨，您不但不畏严寒、赤膊上阵，别人还在往木框里添泥的时候，您已经又完成了一块，出大力、流大汗；而且还用自己的聪明才智，自主创新，别人使用单木模，您却别出心裁搞个双木模，别人一次打一块泥砖，您一次可出两块，打泥砖的效率自然倍增，令许多人不禁惊叹。打泥砖事情虽小，但您不甘于一般化而努力不已的精神，是很可以由小及大的。在受尽痛苦的境况下，您这种苦干加巧干的创新奋进精神是何等令人钦佩！

早在 20 世纪 80 年代中期，您任广东人民出版社社长的时候，编辑所发的书稿印刷厂印不应求，出现了印刷紧张的态势，这一问题如不解决，就会导致拖长出版周期，影响学生"课前到书，人手一册"的目标的落实和图书市场的及时供货。为了解决这一问题，您提议并身体力行，及时与花县政府开展合作，开办了一家印刷厂，既缓解了当时编印的矛盾，又在客观上拓展了多种经营渠道。

在 20 世纪 80 年代前，全省只有广东人民出版社一家出版社，杂志社少得可怜，您洞察形势，意识超前，倡议并参与组建花城出版社；1984 年在广东人民出版社教育读物编辑室和少儿读物编辑室的基础上，您又倡议创办广东教育出版社和新世纪出版社；参与创办文学期刊《花城》《海韵》以及翻译期刊《译海》，还创办了《中学生之友》《香港风情》等刊物。您的倡议得到上级领导的采纳和支持并付以行动，在广东人民出版社的基础上新分立出多家出版社，在刊物极少的情况下多办了一批杂志，增加了出版机构，拓宽了出版板块，拓展了当时的出版局面，为广东出版事业做出了积极贡献。

在图书选题的开拓创新方面，《岭南文库》丛书和《岭南文化知识书系》堪称您的杰作。在 80 年代末 90 年代初，社会上曾经流行过"广东是文化沙漠""广东没有文化""广东人只会生孩子，不会起名字"的论调。面对这些奇谈怪论，您愤愤不平。在省里召开的一次出版工作会议上，您提出了编辑出版大型地域性学术丛书《岭南文库》的动议。您认为岭南历史上有非常丰富、特色鲜明的文化资源，岭南文化是客观存在的文化实体，是中华文化的重要组成部分，应尽快挖掘总结出来。当时有人针对您的提议提出反对意见：认为岭南地区文化落后，还未形成文化体系，在历史上没有影响深远的学术大家，缺乏重量级的名篇巨制，等等。您对此发表了独到见解，历数对中国历史进程、中国文化进步、中国革命事业发展等有过巨大影响的岭南历史事件、著名文化典籍和重要历史人物，对上述观点予以驳斥。您的见解有理有据，得到时任中共广东省委副书记谢非同志的支持。《岭南文库》丛书这一全国重点图书选题就是在这样的背景下破土而出并付诸实施的。

广东省委、省政府提出建设文化大省时，您以饱满的激情积极响应。您认为广东人民出版社不应满足于已经做出的成绩，应在文化大省的建设中发挥更加积极的作用。为使文化大省建设更具广泛的群众基础，应该在学术性《岭南文库》的基础上编辑出版一套可以普及行远的、具体而微的、有助于广大群众认识岭南文化丰富内涵的通俗性、知识性读物。《岭南文化知识书系》就是在您的提议和推动之下启动上马的，后被列入全国重点图书选题规划。岑老，您的眼光、气魄、胆识和智慧，无不令我们钦敬；您的开拓创新及与时俱进的精神，更令我们受用不尽。

三

　　岑老，严格要求、敬业奉献是您一贯的工作态度。您多次对我们说，选题确定之后，组织书稿是重要一环，而组稿的关键在于选好作者，选好作者才能写出好书。在《岭南文库》作者的选择上，您的要求非常严格，既要求作者对岭南文化有充分的了解，又要求作者对某一学科有深入的研究，还要求作者具有良好的文字修养和较高的表述水平。即使是《岭南文化知识书系》这样的普及性、知识性读物，您挑选作者也是慎之又慎的。《岭南文库》作者档次高、图书质量好，《岭南文化知识书系》适销对路，进社区、进全省农家书屋，受到广大读者的欢迎，与您的严格要求密不可分。

　　编审书稿在出版过程中至关重要，您对此十分重视，严格把关。当书稿送到您的手中，您对书稿的篇章结构、内容安排、主题思想、政治倾向、学术观点、论证过程、材料引用、文字表达、图表安排、标点符号的运用等等，都非常认真地逐一审核，从无放过一字一词一个标点，对书稿原先存在的错误或纰漏，只要经您审阅，就不会有"漏网之鱼"，经您审阅修改过的书稿，质量保证，作者满意，读者欢迎。

　　您认为图书出版后只有及时发到读者手中，才能充分体现图书本身的价值，发挥图书的作用。因而，您对图书销售工作非常关心，经常过问图书的销售情况，还亲自联系客户，积极宣传推销，《岭南文库》和《岭南文化知识书系》两套丛书中的部分品种，销售得相当不错。您多次提出要抓住时机，推销库存图书，亲自和我们一起驱车前往拜访客户，尽早把图书送到客户手中，惠及读者。

在工作进度上，您是抓得紧之又紧的。记得您住院"搭桥"那段日子，我们每次去探望，您都过问《岭南文库》书稿发了多少，图书印了多少，图书发出后读者的反应如何，使得我们每次去看望您之前，都要预先做好充分的汇报准备，生怕您问时回答不上来。2004 年，《岭南文化知识书系》刚启动，您要求每周出两期简报，每月平均出书三至四种，一年左右时间，出书 40 多种，导致当时出版社的书号告急，只好不断向上级申请求援。在《岭南文库》《岭南文化知识书系》编辑出版的日子里，您没有星期天和节假日，全身心投入工作，认真负责，默默奉献。

岑老，您的严格要求和敬业奉献来源于您那强烈的事业心和高度的社会责任感，我们在您身边工作，学到不少东西，虽然花费心力，很苦很累，但内心是十分充实和无比欢乐的，您给我们精神上的影响是积极的、长远的，您给我们的正能量是励志的、向上的。

四

岑老，甘当春泥，培护新秀，您乐此不疲。您从"五七"

干校回到出版社工作后，同广东人民出版社文艺编辑室的同志一道，不辞劳苦，长途跋涉，多次到全省各地举办"文学写作学习班"，给学员们讲授文学的社会功能和基础知识，深入生活对于文学创作的重要性，文学素材的摄取和积累，文学创作的基本规律，文学创作的技巧和文字语言的运用等。同时，辅导他们写作，对他们提出的问题释疑解惑，对某些作品的优点予以肯定，对不足地方提出具体修改意见，甚至一对一地帮助修改作品，使学员们深受教益。短篇小说《海燕号归航》的作者江俊桃受教获益，感恩不已，与您成为知交；增城县派潭公社"向阳花"文学写作组爱好文学的青年们，由于得益您的辅导培养而不断长进，年年请您前往品尝荔枝"妃子笑"。您在作者们心目中的师者地位和贤者形象是无与伦比的，您为广东文学创作队伍的培养建设做出了积极贡献。

在编辑人才队伍的培养方面，您更是功不可没。您作为出版名家，具有丰富的编辑出版经验，多次为广东省编辑人员授课，提倡编辑学者化，鼓励编辑能编能写，既当杂家，又当专家，要求编辑政治敏感性要强，不要偏听偏信，避免片面性，学会客观、全面、辩证地处理书稿。在您的传帮带下，广东出版界出现了不少编辑出版人才，他们在本省的新闻出版行政管理部门和各自的出版单位担任各级领导职务，担当编辑出版业务骨干，在广东出版界起着承前启后、继往开来的作用，推动着广东出版事业和出版产业不断向前发展。

岑老，1996年，中国出版工作者协会给您颁发了一个沉甸甸的首届"伯乐奖",这是对您几十年来培养、发现、选用人才的最高奖励,您的伯乐精神和春泥品质令人点赞,不断传扬。

五

岑老,您节俭廉洁,过着一种平凡人家的俭朴生活。您吃不厌粗,穿不求华,油条加豆浆是您最爱吃的早餐,苦瓜炒牛肉是您最爱点的一道菜。您穿的皮鞋用料平常,朴素大方,一般几十元一双,一穿就是三五年,直至踏破才更换。您穿的衣服,大部分是"收购"孩子们淘汰的"时装",且以粗布缝造的T恤为最爱。您穿西装是被逼得无奈,打领带更给您添麻烦,不是重要场合或特殊要求,您是绝不会西装革履的。您从吃喝起居到全身打扮,无一不体现了节俭简朴的平民化素质,没有一点某些名人的奢华气派。

在对待公和私的问题上,您一贯公私分明,廉洁奉公。记得在70年代末,在出版社邮寄信件分两处投放,一处是因公寄出的单位信函,一处是私人寄出的个人信件,您从来不把自己私人邮寄的信件投放到因公寄出的单位信函中去"公私不分"、占公家的便宜。《岭南文库》出版基金运作三十多年,您精打细算,能省即省,严控开支,出差住一般房,招待客人点平常菜,节省办公费用,至今未动用过一分一毫的本金。

岑老,您遵时守信,从不失约,绝不食言,"言必信,行必果"。您上班准时,与会守约,不迟到,不早退。与朋友相

约，只有您提前恭候朋友，绝不让朋友先到等您。记得 2005 年
12 月 1 日您对我说：海烈，我们邀请广州市老领导杨资元同志
明天早上八时半喝茶，我已叫人在北园订好位，资元同志时间
观念强，我离北园远些，恐怕不能准时赶到，你一定提早到北
园等候，我随后就到。当天晚上，您又来电再次叮嘱我明早一
定提前到达，以免失迎。为了完成您交的任务，次日一早我就
直奔北园，到达时还比约定时间早 10 分钟，此时杨资元同志虽
然未到，但您却早在那里等候了，当您站起来向我打招呼的时
候，我的内心不由自主地产生一种无地自容的惭愧感。

　　岑老，您严以律己，宽以待人，在"文革"中，您受到一
部分人的批斗，虽然吃了不少苦头，受了不少屈辱，但对批斗
过您的人却始终怀着包容理解的态度。我曾经问过您，在"文
革"中您受过十几场批斗，您憎恨批斗过您的人吗？您说，当
时批斗我的人，他们本身也是受害者，不能怪他们，是那个动
乱时代造成的。据我所知，在"文革"中批斗过您的人，您不
但不记仇、不铭怨，而且还帮他们做了许多好事，有的成了知
心朋友，这是何等的胸怀！何等的度量！您对领导尊重，对同
事热情，对下级关爱，对朋友真诚。您广泛与作者和读者交朋
友，诚心诚意为作者和读者服务，为他们排忧解难。我多次有
幸同您一道到地市组稿，您平易近人，和蔼可亲，不管是领导
干部，还是普通人员，不管是教育工作者，还是文化人士或专
家学者，您都彬彬有礼，热情有加。难怪，您到下面，争着拜
访接待您的人络绎不绝，几天的时间就可以组到不少书稿。您

的威望和人格魅力令人肃然起敬。

岑老，您宝贵的精神财富和美德，使您赢得了人格上的众口赞誉，赢得了工作上的得心应手，赢得了出版业绩的辉煌，赢得了文学创作的大丰收。您榜样的力量是无穷的，您的精神财富和美德是催人向上的，您为我们树立了学习的标杆，在奋进新征程、建功新时代的今天，我们一定发扬光大，代代相传！

以命相殉的信仰

郭小东

    岑桑先生对广东文学的贡献是多方面的。

    一、他是岭南当代散文的开拓者、建设者和最卓有成就的实践者之一。他作为地道的本土作家，与秦牧、陈残云、杜埃、林遐、紫风、范若丁、黄秋耘、黄雨、苏晨等作家，以其创作实践，共同构建并形成了有影响力的岭南散文流派。这个流派，在20世纪，特别是八九十年代，有重大的政治和文学影响，并奠定了广东当代文学特别是散文创作的基本风格。不管时代生活发生了多大的变化，他们建立的当代岭南散文的地域性传统是不可动摇的。岑桑先生大量的散文创作成果，有力地证明了这种风格的地域性存在。岑桑先生的散文创作，是岭南散文风格不可或缺的佳构。这个风格已经成为评价岭南散文的一个标准。同时，他的《当你还是一朵花》，自20世纪60年代出版以来，持续地影响了几代文学青年的思想修养和文学修为。

二、他对青年作家、工农兵作者的提携与培养，是他作为大家和文学前辈的人格支撑。他既是作家，又是出版家，所以，他对青年作家的提携，更注重创作的实践性和方向感。20 世纪八九十年代，广东许多青年作家，都得到岑老的指教提点和出版帮助。

他在广大路的家我和剑晖去过多次，聆听过他的教诲，特别在岭南散文研究和本土创作方向方面，更是得益匪浅。他分享了对岭南文化的体悟与心得，使我们的研究少走了许多弯路。前辈的提携与指导是广东文坛兴盛的保证，今天体会更深。他作为文坛及出版界前辈，对广东许多文学活动和出版文事，有非常得力且具体的组织支持。

80 年代，广东文学界青黄不接，青年作家大部分是工农兵业余作者。文化程度不高，培养难度自然很高。但广东老作家对青年作家的培养，普遍有一种责任和使命。青年作家的写作和出版工作，是当时文学事业的一个重要部分。这种责任，在岑桑先生这里体现为一种文学传统。我们包括一些年轻作家在岑老家中常常一坐就是大半天，谈文学，谈人生，议论岭南散文风格，然后就在他家吃饭。许多温暖的细节，如今记忆犹新。许多关于岭南散文的研究难题，在先生这儿得以破解。

三、岑老先生一生贯穿广东出版事业的当代发展史。从手工作坊到电子时代的巨大变迁，是在岑老这一代出版人的生命托付中完成的。而岑桑先生是其中最重要的人物。广东出版的重大变革及大事记录，多项大型的出版文事，都与岑桑先生相关。特别是他主持的《岭南文库》的编撰出版，是广东地域文化、文史哲研究的重大事件。岑桑先生作为组织者、出版家，当时已九十高龄，仍在马上。其精神不是可歌可泣所能概括，是以命相殉。

岑桑先生，以他一生的勤勉和坚守，向我们证明了一种我们许多人自以为明白，却其实并不真正明白的东西，那就是，他对自己才华及其向度的尊重，并把这种尊重落实在他年龄的每个环节上。他从不浪费、轻抛这种自信和尊重，这就是他的文学信仰和工作的精神操守。点燃他工作热情的，不是别的，是他自尊自为和利他的信仰。这是他留给我们最宝贵的东西！

岑桑先生不朽！

情牵半世纪
——我心目中的岑老

卢锡铭

    2022 年 2 月 26 日（壬寅年正月二十六日）下午 3 点，突然手机响起，宅家看书的我，打开微信一看，是岑老的讣告！我脑袋"嗡"的一下，整个人有点懵了！辛丑年岁末，我曾两次到南海黄岐探访他，他还精神矍铄，谈起《岭南文库》声如洪钟；说起黎子流老市长支持他们创办《广府文库》，眉飞色舞，活像个年轻人，他还兴奋地从抽屉拿出黄埔文联主席龙莆尧写的书稿《水乡漳澎》征求我的意见。我说龙莆尧我认识，当年他插队东莞麻涌漳澎当知青，是县内少有的几位秀才之一，我们还合作写过演唱材料"三句半"呢。他说书稿写得很扎实，文笔亦挺不错，可编入《广府文库》去。这套书是《岭南文库》之后的又一大工程。我见他兴起便跟他在书柜前合了个影。一个月还不到啊，怎么说走就走了？您真可谓是走在工作台上，您不仅是一枝永不凋谢的花朵，而且是一根燃烧到最后的蜡烛。您为岭南文化事业洒尽最后一滴心血，虽然您已是 96 岁高龄的老寿星，您驾鹤西去，我们依然是心情沉重，恋恋不舍啊！算起来我们交往已有近半个世纪，您是我不折不扣的良师、益友和学习的楷模。

岑老，是我的恩师。

其实，对岑老，我是不见您人不知您名先读您书。记得1962 年深秋一天晚饭后，我循例到镇上新华书店逛逛，发现新推出一本书《当你还是一朵花》，我随手翻开一看，马上被生猛的目录所吸引，被精彩的内文感染了，什么《闹市求前》《灵魂里的"小偷"》《蝼蚁之穴》《我不喜欢小盆景》《星星和玛瑙》等，篇篇流溢着文采、故事、哲理，如此生动活泼来谈青少年修养，真叫我爱不释手！书价虽然不高，只需几毛钱，但对我来说还是个天文数字，记得当时学校一顿饭才三分钱的菜，不少同学连这也吃不起，不买又不死心，于是我回家死缠烂打，求我妈卖掉家中的鸡蛋，凑足了钱把这本书买了下来。我如获至宝，天天把它装在书包里，有空就拿来读，还用笔记本摘抄了不少精妙的句子。高中时班里组织课外写作小组，办了份《苗圃》油印刊物，《当你还是一朵花》的妙句常常出现在该刊的版头上。

"文化大革命"浩劫之初，进行的是所谓"破四旧"，一大批文艺书籍当作"封、资、修"的"毒草"抄来烧掉，《当你还是一朵花》赫然列在榜上，罪名是鼓吹青少年成名成家，勒令凡拥有者均要交出来烧毁。那不是割掉我的心头肉？我当年花了心思保存了两本书，一本是谷夫的《当你还是一朵花》，另一本是刘逸生的《唐诗小札》。我用牛皮纸把封面包住，在上面写上"鲁迅语录""匕首和投枪"，因为鲁迅的书当时是没人敢动的，用这样的办法我手上的《当你还是一朵花》才逃过此劫。

1968 年 5 月我回家乡虎门务农，同年 9 月被选为乡村中学民办教师，不久又被提为校长。虎门是个历史文化名镇，文化名镇怎能没有文化？一股读文学名著和写作的潜流在镇内涌动，1971 年 5 月我们自发成立了虎门业余文艺创作组，《当你还是一朵花》《唐诗小札》成了传阅最频繁的写作教科书。

当时，我并不知道此书是岑老写的，因为作者签名是"谷夫"。事有凑巧，我校有位语文老师是广州知青，叫黄梨青，她爸是广州博物馆（五层楼）的馆长黄流沙。1972 年春初一个黄昏，我在教研室拿出这本书翻阅时让她看到了，她说："这是岑伯伯写的书。"我问："什么岑伯伯？"她说："岑桑啊！他就住在我的楼下。"说起岑老来，梨青如数家珍，她爸跟岑老在50 年代初便是广州文化局的老同事，同住广大路文化局的一幢小洋楼，她家住三楼，岑老住二楼，两家子很要好，亲密得如同一家，她说岑老写国际小品亦挺厉害的，出过《巨人和狼》《幽灵在徘徊》《在大海那边》等三本集子，并说找个机会带我拜见他。

1972 年的暑假，梨青带我出广州拜访了岑老。岑老家很简朴，但充满书香气息，客厅四壁摆满书柜，柜中藏着满满的书，茶几堆满书刊。岑老见我上门，噔噔噔快步上前相迎，并紧紧地握着我的双手，他中等身材，一副饱满的前额，一双睿智的眼睛，说起话来语速快声音亮。他又是让座，又是递茶，没有丁点大作家的派头，让初出茅庐的我一下子消除了忐忑的心境，很显然梨青早已向他介绍过我。他询问起我业余创作的状况，并耐心倾听我的陈述，当我向他请教创作的诀窍，他微笑地对我说：别把写作看得那么神秘，坚持三勤便成。一是勤读（读书，更要读好生活这本书）；二是勤思（多点观察多点思考，积累写作的素材）；三是勤动笔（动笔逼着你做好前面两勤，逼着你不断总结提高）。经他一点拨，我茅塞顿开。这次一见，我们便成了忘年交，我跟着梨青姐弟们管岑老叫岑伯伯。

我回虎门把岑老创作的"秘方"与创作组的同仁分享，大家创作的热情更为高涨，战绩迭出，受到省、地、县主管部门的重视，各刊物纷纷为我们出专号，《广州青少年报》的杨羽仪和符启文还到虎门跟我们座谈。杨羽仪从1973开始，每年暑假都邀请我去他的报社当业余编辑、记者，我凡到广州必定到岑老家走走。杨羽仪见我认识岑老，亦希望我带他去拜访岑老，他跟我说，当年他做中学老师因推荐学生读《当你还是一朵花》被斗，临去岑老家之前，他还问我要不要先理个发，换件新衫。可见岑老在文化人心目中的地位，可见《当你还是一朵花》岂止影响一代人啊?!

岑老对我的习作看得很快，但评点得很准，无论是立意、取材、格局乃至用词都评点得很到位，记得他翻我的一篇报告文学《沧河浪》，我用的一句"好心不得好报"，他笑着说这句不错，但亦可改成"好心着雷劈"，这情境一晃半个世纪，依然历历在目。在岑老的悉心指导下，我在《南方日报》《广州日报》《广州青少年报》《广州文艺》以及广东人民出版社的《农村文化室》及《故事会》《红小兵》等发了不少文章，人民社出版的诗集《墙头诗画》和故事集《铁拳头》均收了我的作品，我还为岭南美术出版社写连环画脚本。

想不到这些不起眼的文艺作品却改变了我的命运。

1977年恢复高考，我已是30岁高龄考生，因为我是1966年高中毕业，刚好碰上"文革"，过了11年才考大学。我分数达到重点大学的录取线，但中山大学一看档案见我年龄偏大，把我的档案扔了；华师大一看我已是三个孩子的父亲，认为家庭压力太重，又把我的档案扔了。系主任黄守登是专捡漏网之鱼的，他一看我的档案里附有不少文艺作品，有篇通讯还选在高一的语文课本中，认为我是个人才，把我捡了回去，这一捡决定了我下半生的走向。

读大学期间我常到黄老（黄流沙）和岑老两家做客，因为我一放假便跑北京路新华书店，从新大新百货大楼旁的小路一穿插便到他们家，他们两家都是书香世家，黄老在中华人民共和国成立前在报纸当过副刊编辑，中华人民共和国成立后才研究起岭南文化来，梨青的舅父胡守为是历史学家，是陈寅恪的嫡传弟子，编写过《陈寅恪与二十世纪中国学术》《岭南古史》，当时是中大历史系主任，后来当了中大副校长。我除了请教岑老写作，还接受到文化的熏陶。岑老与黄老都有三个儿子，黄老还多了一个大闺女。岑老大儿子之京子从父业，搞文艺创作，写了一本小说集《青青的桑林》，后来到《广州文艺》当主编。黄老小孩偏爱音乐，梨青女高音唱得绕梁三匝，大仔若青跟两个弟弟小提琴玩得出神入化，四姐弟凑在一起，便是一台音乐会。因为年龄接近，我跟岑老的长子岑之京、黄老长子黄若青成了"铁哥们"。此外，岑老太太田姨在中山四路红旗剧场工作，常赠我电影票，记得《巴黎圣母院》就在那看的。

岑老知道我没带薪读大学，靠爱人 30 多元工资支撑一个家，便鼓励我一边读书，一边写作。我记得为广东人民出版社的《希望》杂志写过几篇报告文学，为《旅游》杂志写过《石门返照》等几篇游记。由于有作品，大学时就加入了作协，当年作协首批吸入在校大学生会员，全省共有五位：中大的蔡东士、苏炜、遥远，华师是我和曾日华。

大学毕业时，岑老想接收我到广东人民出版社办的《希望》当编辑，但当时华师大出来的人规定只能当教师，后来他与作协的欧阳翎联名推荐我去团省委办的《黄金时代》，因为团省委可以用团校的名义向华师大要人，社长赖济煌跟我面谈不到半小时，便决定要我，一上班便让我当了文教编辑室的负责人，不到半个月便转正为室主任，4 年后又当上副总编。"滴水之恩当涌泉相报"，说岑老是我的恩师绝不是溢美之词。

岑老，我的益友。

我到《黄金时代》时，岑老已搬到东湖公园旁的塘罗涌住，离我单位只有一箭之遥。我与岑老的交往更为频繁，但均是君子之交，岑老不好烟，更不好酒，只好饮茶。我们之间饭局极少，却喜欢聚在一起饮茶聊天。我把他当成长辈与恩师，他却把我当作子侄与忘年交。平时多去他家，偶尔假日去一下东山酒家，我们到那里均是百步之遥，东山酒家闹中取静，有古榕掩映，有翠竹扶疏，当年著名的电影《羊城暗哨》就在那取景拍的。一面品茶，一面赏景，一面聊天，把经常熬夜的疲惫消除得一干二净，岑老笑吟吟地说："文武之功一张一弛也！"

岑老除了饮茶也喜欢跳舞，我们杂志社的顶层的会议室，有远方的客人来便辟作舞厅，岑老抽空也来参加我们的舞会，记得有次他携《人啊，人！》的作者戴厚英同来。在我的印象中，戴厚英一袭连衣裙，既善舞又能歌，交谈甚健，还翘起兰花指抽起烟来，风雅得颇有上海三十年代知识女性的范儿。润物细无声，这种交往可是我偷师的捷径呢。

我经历了《黄金时代》的黄金时代，杂志发行140多万份，成功的因素固然很多，其中有些栏目是借鉴了《当你还是一朵花》的风格来办的，《当你还是一朵花》为何能洛阳纸贵？主要是它情理皆藏，每一篇文章都充满阳光气息，读者从作者娓娓道来的心灵诉说中受到熏陶，得到启迪。作者不居高临下，不故作高深，不板着面孔训人，不讲概念性的大道理，而是从具体形象入手，用诗一般的语言来表达，从一个小小的口子发散出去，引申出一种道理、一种见解、一种修养、一种价值观。它与我们青年杂志的办刊宗旨与手法是一脉相通的。《黄金时代》谈青年修养的栏目《涉世之初》，为读者排忧解难的栏目《悄悄话》以及励志的卷首语《青春短笛》，都借鉴了《当你还是一朵花》的风格，很受读者的欢迎，转载率很高，其中《读者文摘》《青年文摘》《青年博览》转载最多，《新华文摘》亦有转载过。岑老的《友谊断想》就是为《黄金时代》写的卷首语。

此外，我还辟了一个《中青年作家巡礼》栏目。每个作者登一篇文章、一篇评论和一篇小传，岑老为我牵线搭桥，广东的陈国凯、杨干华、孔捷生、谭日超、杨羽仪、廖红球、伊始、洪三泰、廖琪等等，当时有点冒尖的一批中青年作家几乎被"一网打尽"，连全国一些知名作家，如写《长征》电视剧的王朝柱，写《人民的名义》的周梅森等均是我们的作者。

当时，岑老以及秦牧、韦丘等一批老作家和老编辑家都是我们的座上宾，他们不仅为我们写稿，还是我们办刊的高参，读者日我们请他们出席签名售书，征文比赛当我们的评委，出作品集为我们写序等。《黄金时代》当年能在期刊的汪洋大海中占一席之地，跟岑老这班老前辈鼎力相助分不开啊。

1993 年春，我调至省新闻出版局当出版总公司副总经理，局里要我筹办一份大型的生活期刊并要兼任社长、总编。刊物叫啥名？岑老建议取名《潇洒》，我说："好！"当时岑老正在练书法，他疾笔挥毫，为创刊号写了幅别有一番风味的隶书题词："潇洒，人生的一种境界。"这不仅为创刊号增色不少，而且无形中为刊物定下了办刊的宗旨。这本杂志经过几年拼搏，进入全国"双效期刊"行列。

岑老，我学习的楷模。

2000 年，我调去广东教育出版社当社长，更是不忘向岑老这位创社人请教。广东教育出版社已有 13 科教材在新的一轮全国教材统编中获得通过，数目仅次于人教社，在 2003 年"非典"肆虐之秋竟一举拿下 8 个全国图书大奖，刷新了全国出版社每年拿大奖数的纪录，这也是遵循岑老"双翼齐飞"的办社方针取得的一点成绩。

岑老不仅是著名的出版家，也是著名的作家和文化人。他拿的荣誉很多，其中含金量最高的是韬奋奖、伯乐奖和广东文艺终身成就奖，这些桂冠都实至名归。如果讲我在新闻出版领域奋战几十年干出过一点点成绩，在业余坚持笔耕写过几本散文集，退休后还在期刊协会当了十几年会长，在省参事室干了 10 年参事和研究员，这全是以岑老为楷模的结果，老老实实做人，踏踏实实干活，有一分热发一分光。

我认为岑老身上有三大独特的闪光点：

一是出版人的那种良知与睿智。

岑老是广东著名的出版家，他是一个开拓者，创下许多开拓性的出版业绩，培养一批又一批作者。他是一位伯乐，培养了一代又一代出版人，而他的胆识与远见更令人佩服。1980 年，他冒着极大风险，置个人荣辱安危于不顾，坚持出版了戴厚英的长篇小说《人啊，人!》，这本书在社会上引起强烈的反响，而且历史证明他的抉择是对的，这足以反映他作为一个优秀出版人的良知与智慧。

二是岭南散文人的那种温润与血性。

岑老著作等身，出版了煌煌六大卷，十八般武艺无所不精，我认为他写得最棒的仍然是散文。岑老是岭南散文的旗帜之一，他与秦牧、陈残云、黄秋耘、范若丁等一批老散文家，形成了岭南散文的一种流派，在全国散文中占有一席之地。岭南散文在"文革"前以温润的地方特色，以知识性、趣味性和思想性见长，秦牧的《花城》、陈残云的《沙田水秀》、林遐的《撑渡阿婷》以及岑桑的《当你还是一朵花》为代表作。其中岑老的《当你还是一朵花》先后出了 12 版，印数达 50 多万册，影响和滋润了几代青少年。

岑老是岭南散文不断寻求突破的勇者，特别在"文革"之后这种突破最为明显。我当广东教育出版社社长时曾为岑老出过一本散文集《鱼脊骨》，我和曾宪志担任责任编辑。书中《午夜焚书》《鲤鱼嘴旧事》《强记补锅》《船骸的凭吊》等一批篇目与此前发表过的《残雪断想》《填方格》等文章便是对那暴虐时代的压抑和沉重的一种解剖与审视，更能让人直面人生，直面社会！此刻岑老的散文，不仅是田园牧歌，而且是匕首与投枪，柔中带刚，隐含血性，这是对岭南散文传统风格的一大突破。

三是岭南文化人那种情怀与担当。

1990 年，岑老退休后依然奋战 20 余年，出版丛书《岭南文库》达 166 种，这套皇皇巨著被称为"大型地域性学术文库"

"岭南文化的百科丛书"，它为岭南文化高原耸起的一座高峰。他为此呕心沥血，最后倒在工作台上，这种敢于担当的情怀，亦为岭南文化人树起了一座"鞠躬尽瘁，死而后已"的精神丰碑。因岑老博大人格所产生的精神财富，是岭南文化的一道亮丽的风景，永远让世人景仰。

记得《鱼脊骨》里有句名言"只要有船和风，大海，就仍旧是可以驰骋的猎场"，这是您永不休战的宣言。岑老，虽然您走了，可您依然活着！

师长岑桑

廖小勉

　　退休十余年，基本不住广州，完全离开了原有的生活圈子，与工作时的同事朋友来往甚少，几乎没有。这天，老同事陈俊年突然打来电话，说是筹备为我们共同的师长岑桑出一本纪念文集，邀我也写一篇。

　　这事没法拒绝。

　　我 1975 年秋进入广东人民出版社文艺编辑室时，主任岑桑早已是资深编辑和著名作家，他的成名作《当你还是一朵花》面世时，我连花骨朵都不是，最多只是小苗苗。因此，岑桑理所当然是我这个出版新兵的师长——老师和尊长。不过，那时的出版社是大社，编辑室是大室，文艺编辑室下设诸个编辑组，我这小年青归组长管，与主任还隔了一层，因此，岑桑更多的是尊长。

　　那时年少气盛，特别热衷写作发表，工作之余经常写一些小诗小文，投稿报刊，偶尔发表个豆腐块，心里头那股小得意总是忍不住冒出来。有一回，去基层办作者创作学习班，晚饭后编辑室几个同事外出散步，我走在岑桑身后，突然，他有意无意地回头对我说：小廖，创作贵在厚积薄发。古人说的行万里路，读万卷书，讲的就是这个。大江大河之所以奔腾不息，全凭汇聚千山万水……

这是岑桑对我为数不多的直接教诲，却是一针见血，一言中的。我们这一代是"文革"十年的产物，知识结构严重扭曲畸形，急需补课。提示"厚积薄发"，已经非常客气婉转了。那时正值思想解放运动，众多中外名著纷纷重版发行。我一口气买了上百本，出版社资料室的有限藏书，更是被我翻了个底朝天。那个狼吞虎咽，那个囫囵吞枣，现今有个新词"恶补"，非常切合我当年的实际。越读书，越感觉不足，越能体会师长教诲之精到。1979 年，我索性考了个中文专业，在职进修，回炉再造……

师长如此教诲，更是身体力行。相处多年，很少见他发表作品，唯一一次亲眼见到岑桑写作，也是在那个思想解放、文艺春天来临、激情燃烧的岁月。记得那时岑桑已是文艺编辑室正主任，领着几个志同道合者忙着筹备出版大型文艺刊物《花城》。同时，他自己的写作激情也爆发了。白天忙于工作没有时间，只能晚上写作，为节约时间，减少干扰，他索性住在办公室里。那时我正年轻，每天早早回到办公室扫地打开水，总能看到岑桑在公共卫生间洗漱。他那小小的办公室里，搭着一块床板，铺着一张草席，悬挂着一张破旧单人蚊帐。当我下楼打完开水回来，就见床板已经靠在门后，铺盖卷起塞在角落，他已经正襟危坐开始工作……偶尔，我会忍不住多一句嘴："岑桑，注意身体哦。"他总是呵呵一笑，不置可否。

说起来饶有意思，虽说岑桑是领导又是老编辑、老作家，然而当年出版社同事们，无论老少，无论编辑人员还是勤杂人员，都是直呼其名：岑桑。在我记忆中，只有外单位的称呼他岑主任，社会上的作者们尊称他岑老师，上级机关的则多半称呼他老岑。感觉中，那时候的老作家、老学者、老领导都那么平易近人，和蔼可亲，令人如沐春风。或者，是我运气好，遇上了。

没多久，大型文学刊物《花城》创刊出版，当即轰动大江南北，洛阳纸贵，一再加印。岑桑的中篇新作《躲藏着的春天》面世，同样是一炮打响。春天虽然迟来，花儿照样灿烂。

数十年过去了，"厚积薄发"四个字我一直不敢稍忘。即便退休之后开始创作酝酿已久的长篇历史纪实小说《大唐遗梦》，依然首先"厚积"，用了三四年时间查阅上千万字相关史料，两次自驾前往西北实地考察风土人情、地形地貌，行程三万多公里……直到脑子已经装满了，情节人物几乎呼之欲出了，这才开始动笔。

1981年，我所在的文艺编辑室成建制地划入新成立的花城出版社，岑桑留任广东人民出版社副总编辑。不在一个单位，交往就此稀少。

然而，我与师长岑桑注定还有更多的缘分。

十年后，1990 年，我调回广东人民出版社，1991 年任社长。为着多出好书，多出精品，出版社酝酿编辑出版大型丛书《岭南文库》。省新闻出版局以至省委宣传部都非常重视，决定每年下拨专款，扶持文库出版。

如此重点工程，我这个新社长岂敢怠慢。首要问题是谁来牵头主持。想来想去，我想到师长岑桑。此时他已退休赋闲，据说正在酝酿创作长篇巨著。我不管不顾，冒昧上门邀请他出山继续主持《岭南文库》编辑工作。记忆中，起初他还有些犹豫，我尽力阐述了这项工作之重要，强调说明《岭南文库》编辑部作为出版社内设机构，独立运作，接受《岭南文库》编委会领导，出版社只提供必要支持，不干预日常工作……我觉得，不是我的说辞有多动听，是这项广东出版史无前例的工程切中了岑桑同志数十年对编辑出版的热爱。

果然，老将挂帅，一呼百应。很快地，岑桑便搭起了编辑部的班子，确定了《岭南文库》第一批选题，再之后，便是文库精品一辑又一辑陆续推出……

我兑现了自己的承诺，任职社长期间，从不过问《岭南文库》编辑部的日常运作，只是偶尔跑到编辑部那个大办公室里与编辑们闲聊天南地北，倾听岑桑激情洋溢地畅谈文库的新选题、新构想、新规划，若有困难，尽力帮助解决。也正因为如此，说来惭愧，我这个社长兼编委，对《岭南文库》编辑部具体情况竟然不甚了了，无以细述。期待纪念文集中有更多参与者、当事人详细讲述编辑部的故事。

1996年秋，我调任省新闻出版局，从此离开广东人民出版社，与师长岑桑的交往再次稀少。然而，他依然一次又一次令我惊诧敬佩。我本以为请老领导发挥余热，辛苦几年，指导整理出版一批岭南文化精品也就是了。没想到，岑桑却是老骥伏枥，志在千里，硬是把《岭南文库》做成了名副其实的岭南文化宝库。我在新闻出版局工作十年，岑桑主持《岭南文库》编辑出版十年。每年，出版社都会送来一到两辑文库新书。渐渐，摆满一个书柜；渐渐，开始占据另一个书柜。偶尔闲暇，我会一个书柜一个书柜打开，仔细端详一排一排整整齐齐琳琅满目的文库精品，每一本都在向我无声述说师长岑桑深厚的学识功底和编辑功力，以及永不消退的工作热情……

终于，我也退休了。退休后我长期隐居，两耳不闻窗外事，一心只写历史书。直到七八年后，长篇小说完稿出版了，我才逐渐与往昔的同事朋友有些来往，获悉一些令人愉悦或不甚愉悦的旧闻往事。最令我意外的是，《岭南文库》依然每年推出一批又一批佳作，依然是岑桑同志牵头——年逾九旬，依然到办公室上班！

一点不夸张，师长岑桑，您真是让我惊掉下巴！

2022年6月21日　是日夏至

"宁可抱香枝上老"

陈锡忠

　　荣获"广东文艺终身成就奖"的岑桑，一生曲折坎坷：从一位自小爱读书的孤儿成长为著名作家、出版家。在他仙去之际，我面对他送给我的笔力遒劲的题词"宁可抱香枝上老，不随黄叶舞秋风"，不禁想起他生前多次对我谈起的他人生奋斗的故事……

　　岑桑原任广东人民出版社社长兼总编辑、《岭南文库》执行主编。生于 1926 年，广东顺德人。

　　2022 年春节，我与汪泉、魏家坚两友已约好年初八开车去佛山向岑桑老师拜年，岑老在电话里谈得十分高兴。谁料 96 岁的他，在年初五就住进了医院重症室。2 月 21 日，岑老之子岑之邦给我发来微信："我父亲自我感觉不乐观了，他让我向你道别，感谢你一直以来对他的关爱，祝你幸福。"我打了几次电话想问候他，但均无人接听了。2 月 26 日下午，我收到广东省新闻出版局原局长陈俊年发来的岑老仙逝的噩耗，心情悲痛。

之邦近日对我讲：父亲抱病多年，2002 年已心脏搭桥，但他一直用坚强意志与疾病作斗争，近年开始频频住院，但都能转危为安，但 2022 年春节后情况急转直下，初五吃不下东西，入院后稍有改善。但几天后肾功能、肝功能指标恶化。其间，岑老不惊不惧。一位 96 岁老人有此顽强意志和乐观精神，让我想起他写的《死不去》一文中一段刻骨铭心的文字：

> 老头，你的风雨人生，虽则苦涩多于甘甜，也说不上有何成就，但老天爷该给的都已给你，自应知足和无憾了，若仍怨天尤人，就实在太不识趣。此刻已到了你履行最后义务的时分。上路吧，手巾牙刷、随身行李都不必带了！

我对岑老神往已久。我读大学时就含英咀华地读了岑桑的成名作《当你还是一朵花》。想不到 22 年后我与他成了同行。当时他是广东人民出版社社长兼总编辑，我在花城出版社当编辑。因同在大沙头一幢大楼办公，我常与岑桑见面，他个子不高，有明亮睿智的眼睛、洪亮的嗓音，总是笑脸迎人。由于岑老平易近人，我多次主动与他沿着岁月的脉络，聊起他那流光浸润的往事……

1926 年 12 月，岑桑出生在桑蚕之乡顺德葛岸村。他原名岑汝养。后来出于对故乡桑田的怀恋，就用岑桑（谐音"蚕桑"）

作为笔名。9 岁那年，母亲不幸病故，他从此失去母爱。

岑桑的祖父原是美洲华侨，回国后经商，家境较富裕，但 1937 年卢沟桥事变后，家业凋敝。11 岁的岑桑随父逃难去了香港，投靠一个亲戚。亲戚勉强留下他在店铺做学徒。学徒生活艰辛而乏味，而且每月只得几毫理发和买凉茶的钱。他喜欢读书，每当经过学校，一种强烈的学习欲望就涌上心头。有一天，他终于忍不住了，来到正在受病痛折磨的父亲床前，哀求道："阿爸，我好想读书呀……"父亲难过地说："我们能活下来已不容易，读书就别想了。"

不久，父亲也撒手人寰，12 岁的岑桑成了孤儿。但强烈的学习欲望总在心头缠绕。他把顾客赏给他的小费攒起来，买了一支钢笔。每天晚上歇息时，他就写写画画，这支钢笔让他沉浸在无比的快乐之中。

1940 年 5 月，在高州的大姐姐托人把小岑桑接来一起生活。他积极复习功课，决心要到当时的省会韶关报考中学。那时从高州到韶关，要徒步。他与朋友结伴而行，在炎炎夏日翻山越岭，足足步行了十多天才到了清远，然后又乘船到达韶关。小岑桑以第一名的优异成绩考上了志锐中学。

读中学时岑桑不但要上山砍柴，还要躲避突然而来的日机空袭。值得庆幸的是不少老师是中共地下党员，对学生言传身教，灌输进步思想。在追求进步的氛围熏陶下，岑桑在初中三年级时，便写了一首题为《更夫曲》的歌词和短篇小说《停膳》，表达他对苦难民众的同情和对光明的追求。

岑桑连续 4 年考试夺得全班第一名，所以一直享受免费读书。1944 年 6 月，粤北告急，学校要从韶关搬往始兴县，后来他又辗转来到贵州安顺县（今安顺市）一间中学读高二。但不久，日寇铁蹄迫近贵阳，岑桑无书可读，临时在一所小学教书糊口。

1945 年，还没读完高二的岑桑报考大学，竟然同时考上了贵州大学英语系和广西大学农学系。此时，日寇投降，举国欢腾。岑桑回到广州，考上了广东省立法商学院社会学系。

1946 年，岑桑又以优良成绩通过了转学试，到中山大学二年级插班，直到 1949 年毕业。顽强的毅力和刻苦的追求，使他圆梦于求学之路。在中大读书时，联想到自己所走过的曲折、坎坷的生活道路，他孜孜不倦地写起了诗歌、散文、小说。

1950 年 2 月，岑桑任中学教师，一年后奉调进入广州市文教局文化科工作。1953 年，又转入新建的文化局电影科。电影科办有一份《电影与观众》，这份刊物为岑桑发挥他的编辑和写作才能提供了用武之地。1950 年他在广州人间书屋出版了第一部作品：国际小品集《廿世纪的野蛮人》，以后一发不可收，陆续出版了中篇小说《巧环》、散文集《在大海那边》等。1958 年，岑桑进入广东出版系统工作。

岑桑的成名作，应是上世纪 60 年代初出版的笔致高雅、陶冶情操的散文集《当你还是一朵花》，先后再版 12 次，印数 50 多万册。但十年浩劫伊始，岑桑的《当你还是一朵花》和其他几本书都横遭厄运，成为"毒草"。岑桑后来下放到黄陂干校时，有一天他驾牛车运肥，看见一名青工在树下全神贯注地看书，书的"封面"是另一本书，但岑桑一眼认出了已翻得很旧的内文，这本伪装的书原来就是他写的《当你还是一朵花》。读者的厚爱，让岑桑百感交集……

1968 年至 1971 年，岑桑在干校生活异常艰辛，他早就放下纸笔，拿起的是打泥砖的木模。1980 年代，作家易征对我说起他与岑桑互"取"东西吃的一件辛酸的轶事：由于在干校伙食很差，基本每天都是白水煮包菜，所以家里人莫不托人从广州送点吃食来，而岑桑知道易征的小瓶里装着砂糖，不时抓一把来吃。易征也不客气，经常打开岑桑的饼干盒，取吃他的炒米糖。两人心照不宣。也许易征"取"的次数太多了，有一回，易征打开那铁饼干盒，一看炒米糖已经没有了，只有一张小纸，上面写着"打倒易征！"

严冬过去，百花重放。1979 年第四次全国文代会召开，吹散了笼罩在岑桑心头的乌云；恢复工作后的岑桑振奋精神，挤出业余时间提笔继续写作，短短几年就出版十多本作品，同时在出版工作中踔厉奋发，不断开拓。岑桑是一位有胆识的出版家，给我印象最深的是他当年顶住压力，支持出版了上海女作家戴厚英的长篇小说《人啊，人！》。

在岑桑几十年编辑生涯中，他在编辑室常常一坐就是一个上午，埋头处理修改来稿，回信给各地水平不一的作者。他中午也不休息，埋头于写作，当同事们午睡醒来时，他已微笑地诵读自己文采闪烁的新作。

他总是对来访的作者笑面相迎，不厌其烦为其修改书稿、出谋划策。陈俊年当编辑时曾与他同处一室，他给我们讲了一个小故事：大家常见岑桑掏出小手绢，像小孩般认真将手绢打了几个结。俊年好生奇怪，忍不住问他："这是干什么呀？"岑桑自嘲般微笑："今晚约好去文艺招待所见中山来的作家余松岩，我怕事情一多忘了，先打个记号，擦汗时好提醒自己呀。"把作者和读者牢牢记在心上，是那一代编辑人的好作风。

岑桑助人为乐的例子不胜枚举，资深教师朱华勇 20 世纪 80 年代在从化创办了一份《乡村语文报》，初办时碰到不少困难，岑桑得知后立即为之奔走呼号，终使问题得到解决。得过岑老真诚帮助的人不计其数，他去世后，我收到不少作家微信，如徐启文、西中扬、蔡宗周、罗铭恩、桂汉标、曹磊、王厚基、张伟棠、张超、蒙光励等，都向我诉说对岑老当年帮助的感恩之情和深切悼念之意。人已不在江湖，但江湖上的人仍仰视他，难得！

风起风落总是缘。岑桑对我本人也十分关心，1998 年 8 月我申报职称时，他为我的随笔集《向人生问路》写了"专家推荐"（鉴定）意见，他的鼓励令我念兹在兹，至今难忘。

20 世纪 90 年代，广州资深新闻工作者谭子艺退休后创办一份文娱类报纸，请岑桑当名誉主编，也邀我参与编一个版。那段时间我常到位于广州东山的岑桑家中商量办报的事。他家客厅挂着一副"俯仰无愧天地，褒贬自有春秋"的对联，这正是他的人生追求啊！岑桑开会时说话声音洪亮，常用的口头禅是"取乎其上，得乎其中；取乎其中，得乎其下……"，意思是勉励大家考虑问题立足点要高，才能办好事情。

岁月流转，春华秋实。1990 年 64 岁的岑桑办了退休手续，但他退而不休，后来担任全国第一部地域性大型文库《岭南文库》执行主编，而且还笔耕不辍。他高兴地对我说："现在我已用惯了电脑代笔写作了。"2017 年 11 月 15 日，广东省作协隆重举行"广东文学名家岑桑学术研讨会"。15 位著名评论家认真分析岑老的文学作品特色，我也应邀在会上作了《作家生命体验的倾诉：谈岑桑散文厚土的三个层次》的发言。那天鹤发霜髯的岑老神采奕奕、格外高兴。岑老送过不少大作给我，拜读后得益匪浅。2015 年他出版了 38 万字的《岑桑自选集》，在一起饮茶时他当面题字送给我。2021 年花城出版社出版了他人生的第 30 本书——散文集《海韵》，他兴奋地打电话告诉我并快递给我，但想不到这本书成为了他有生之年出版的最后一本书。

人有真情自丰盈，岑老生前爱唱的一首歌是捷克民歌《夕阳爱抚着白桦林》，我想他就像那树干修直、枝叶扶疏的白桦一样为人正直、洁白、凛然。岑老后来最爱的格言，就是亲笔题写给我的宋朝才女朱淑真《黄花》诗中含义隽永的"宁可抱香枝上老，不随黄叶舞秋风"。这也正是他一生的写照吧。

岑桑老师，我送您的最后一句话是："福寿双隆朵花永在，才德兼荣文库常昭。"广大读者永远记得您的《当你还是一朵花》，您是出版、文艺战线上永不凋谢的一朵花！

春花不败忆岑老

叶曙明

我还清楚记得，2022 年 2 月 26 日，下午 4 时 42 分，我手机微信响起了一阵柔和的提示音，朋友发来一条简短的微信："岑桑永远是一朵花。"有那么一刹那，我以为是岑老在 96 岁高龄，又有什么新作要出版呢。我等着朋友往下说，但接下来，却是静默，静默，静默。我不知道这段静默有多久，也许只有几秒钟，也许很长很长，总之，我的心也随着静默，一点一点往下沉。终于，又一条微信弹出来了："岑桑于今天下午三时仙逝。"

突然间，我的心反而静下来了，仿佛一道湍流融入了深潭，我把脸转向窗外，天空依然飘着一些云，阳光淡淡地洒落下来，气温不冷不热，空气有一层薄薄的雾霾。远处的中山一路，依然车来车往，也许因为疫情，马路上的行人，比往日稀疏。多么安详的时刻，多么平静的一天。一颗星悄然陨落了，就在这一天，就在一个多小时前。

我与岑老的交往，其实不算多，但他的名字，我从很小的时候起，就常听长辈提起。把他与我们家联系起来的，是一所叫"志锐中学"的学校，这是在抗日战争最艰苦的 1939 年，由四战区在粤北始兴开办的学校，战区司令长官张发奎将军担任学校名誉董事长，并亲自题写了"公诚廉毅"四字，作为校训。这所学校，除了培养四战区的子弟、遗孤之外，在广东儿童教养院也招考一些学生，还有一些自费生。我母亲几兄弟姊妹，都在志锐读书，她的姐姐在志锐中学，她与弟弟、妹妹在志锐小学。

岑老也在志锐中学读书，和我姨妈、姨父是同窗。但岑老并不是四战区的子弟、遗孤，据说他是从高州徒步走到曲江，凭考试进入志锐中学的。这份惊人的毅力，足以让我对他心生敬佩。

我母亲常常回忆在志锐学校的生活，我也查阅过一些志锐的校史，可惜资料不多，而且十分零散，无法给我一个清晰完整的印象，我只能想象着，在粤北暖洋洋的浅蓝色天空下，连绵起伏的群山烘托着，一座青砖筒瓦的破陋学宫前，有一群朝气蓬勃的孩子，齐声高唱"我们是小铁军，不怕风霜，不畏艰辛，齐着脚步，挺起胸膛，武装我们的脑和身"校歌的画面，想象着他们在欢声笑语中，担沙挑石，除草铺路，开辟操场，修筑校舍的模样。在我想象的天地里，那支前进中的队伍，有个挺胸昂首的少年身影，他就是当年的岑老。

　　母亲告诉我，抗战胜利以后，大概是 1947 年左右，她和我外婆住在广州金城巷的一幢房子里，外婆靠给人车衣，在门前摆卖些甘草榄、话梅之类的零食，维持一家生计。那时经常有志锐校友来她们家聚会，人来人往，络绎不绝，那幢房子，俨然成了他们的"校友会"。有时聊天的时间长了，外婆就炒个小菜，招待一顿便饭。当时正在中山大学读书的岑老，是常客之一，不时来坐一会，聊聊天，不过很少留下吃饭。我曾好奇地问母亲："你们聊些什么?"她想了一会说："什么都聊。"

　　我看岑老的生平介绍，他从 1942 年就开始发表作品，如此说来，他上金城巷闲坐聊天的那段日子，已是一个作家了。不过真的很惭愧，岑老在 1940 年代写的作品，我还没有读过，如今很多人一提起岑老，都会说到他那本出版于 1960 年代初的《当你还是一朵花》。这本书，我倒是很早就读过的，第一次读的时候，还是个懵懵懂懂的小孩子，哪里知道什么叫"含英咀华"? 甚至没有记住作者"谷夫"的名字，即便记住了，也没有把他与志锐中学那个追风少年联系在一起。

　　1980 年，我到花城出版社工作。那时广东人民出版社与花城出版社刚分家，岑老是广东人民出版社副总编辑。我虽然知道他的大名，但与真人还是对不上号。我刚上班那天，岑老忽然噔噔噔走进我们编辑部，大声问："谁是叶曙明?"我吃了一惊，赶紧站起来说："我是。"他走到我前面，打量了我一下，说了一声："好好干。"然后掉头噔噔噔就走了。同事在旁问我："你认识老岑?"我一脸茫然。

但就是从这次以后，我才真正把母亲常说的志锐中学、我读过的《当你还是一朵花》与眼前这位举止利索的"老岑"，联系起来了。

我到出版社的那年，戴厚英的长篇小说《人啊，人!》在广东人民出版社出版。这本书招来满城风雨，它是特定历史环境的产物，所受到的非议，也是特定历史环境下的产物。我虽然刚入行，对文化界、思想界存在的激流暗涌，毫不了解，但各种大会小会的学习、讨论、批评、检查，给我上了深刻的编辑第一课。我听说，是岑老坚持要出版这本书的，他的压力应该很大吧？但我每次见到他，还是那副噔噔噔走路的姿态，说话还是那么干脆利落，至少没有任何沮丧、怛忧的表情外露，这让我对他愈加敬佩了。

因为在不同的出版社工作，我与岑老相处的时候不多，更谈不上有什么私交，我们大部分的见面，都是在各种会议上。1991 年，《岭南文库》出版工程正式启动，岑老名义上是执行副主编，但众所周知，他是整套文库的真正推手。我相信所有关心岭南文化的人，都会把这套书当成必备的工具书，虽然因为规模庞大，个人全部拥有，几乎是不可能的事，但书架上有十本八本，则是必定无疑的，否则都不好意思说自己关注岭南文化了。

2009 年的春节，岑老应佛山的邀请，参加元宵节行通济活动，我也是同行者之一。岑老是顺德人，对佛山有很深的感情，一路上他举着一架大风车，兴致勃勃，脸上荡漾着一种年轻人的光彩。我想那个在志锐中学的少年，大概也是这般模样吧。

那晚岑老谈兴甚浓，有问必答，开心地谈论着对家乡、岭南的看法，我才逐渐明白，他为什么对出版《岭南文库》，有那么深的执着。他说过，希望这套书能够证明岭南文化是实体的存在。其实，岭南文化从来就存在，巍巍若山，何需自我证明？岑老本身就是岭南文化的一根标杆。需要证明的，倒是那些认为岭南没文化的人，是一种怎样的存在。

就在那次行通济活动中，在汹涌的人潮里，岑老冷不丁交给我一个任务："你给《岭南文库》写一本书吧。"当时我又惊又喜，喜的是我的写作得到岑老的认可，惊的是我深知自己还不够格，达不到《岭南文库》的标准，怕辜负了岑老的期望。所以我嗯嗯地应着，不置可否。活动结束，临分别时，他又嘱咐了一句："记得了，给《岭南文库》写一本。你把选题想好了就告诉我。"可见他不是随口说说，但我还是嗯嗯地应着。

这本书我终究没有写成，让岑老失望了。因为我觉得，《岭南文库》是一座山，岑老也是一座山，而我始终只站在仰望的位置上。

光阴似水，记忆也在水中慢慢淡化了。近几年，再也没有见到岑老，只是偶然从朋友那儿、从网络上，看到他片鳞半爪的消息，知道他90多岁高龄，还经常回出版社上班，为《岭南文库》操劳。对这样一位真正为出版而活的老人，我除了"敬佩"二字，说什么都是多余的。

岑老就这么走了。

母亲常常叹息，以前志锐校友聚会，两大桌坐得满满的，十分热闹，现在一桌也坐不满了，疏疏落落。言辞间，透出无限的感慨。对她而言，又弱一名故人；对我而言，又少一位师长；对出版界而言，却是折了南天一柱。

岑老虽然走了，但我相信，只要给他一张书桌，一堆待阅的书稿，还有一支笔，那么，无论在天堂还是人间，他都会快乐的，因为他永远是那个追风的少年，是那朵永不凋谢的花。

大家风范　师父情谊

陈泽泓

　　岑老走了，我真不相信！多么期盼，期盼着电话那头一如往常地传来他的一声"陈泽泓同志"！

　　岑桑先生的一举一动，一言一语，深深烙印着上一辈学人的诚挚、朴实、直爽、敬业、重情！每次他打电话给我，声如洪钟，清脆透彻，没有客套，几句话说清楚事情即挂电话，开口则一定称呼我"陈泽泓同志"，令人感受到穿越历史的特别的亲切！

　　有幸与岑桑先生相识 30 多年，得以领略这位身材不高而品德学问却令人高山仰止的老人的正直、热情、睿智、乐观！我只是岑老接触过的无数作者之一，却能见微知著地感受到出版大家风范，感恩他如师、如父的关爱与栽培！与岑老接触的片断，不绝如缕，连成回忆，无不闪现着岑老感人至深的伟大人格与助人为乐、诲人不倦的职业情操！

幸遇

我是下乡知青，学历不高，只不过喜欢写写画画。原与岑老素不相识，全靠他对后学的厚爱，我得以在广东人民出版社出版了第一套书，其后又应岑老所约撰了几本书，一步步走上了研学之路。治学入门的关键一步，是岑老给我以鼎力支持！

初次见到岑老，是在 1990 年，此前与岑老素未谋面。我出于对中国古建筑的热爱，长期积累了一些资料，绘了本《古塔图案集》，先后交到岭南美术出版社、科普出版社广州分社，应出版社要求，修订、增绘为《中国古塔图谱》《中国桥梁图谱》，已在《广东新书目》上两次刊出预告，却因种种原因，书稿又退回到我手中。老同事易殿热心地给岑桑和易征二先生写了推荐信，让我去找他们，看能否支持出版。易征先生当时似乎在深圳忙着，我就上了在广州的岑老的门。岑老听完我的自我介绍，开门见山地问及我是否有建筑、历史、美术专业的学历，我坦陈都没有。他沉吟片刻，没有一口回绝，而对我说："我们社从来不出这样的书。书稿先放我这里，我翻一翻，看是否有合适的出版社给你介绍，如果没有再拿回去。"一周后，我惴惴不安地向岑老打电话询问结果，岑老竟告以书稿已交给广东人民出版社，让我直接去找文化室编辑关紫楹，说她是位负责任的编辑。接受关编辑的建议，书稿更名《中国名塔》《中国桥梁》，并增绘了《中国门楼牌坊》《中国亭台楼阁》《中国殿观祠庙》，合为《华夏建筑精粹》系列出版。此系列畅销，再版时增加一本《中国民居府第》。这是我公开出版的处女作，出版时，作者署名加署上为本书的编绘付出艰辛劳动的吾妻陈若子的名字。岑老很关注此书的出版，并爽快地答应我的请求，竟在春节时间为拙作撰序，字里行间洋溢着满满的鼓励，对于迈出第一步的我，是终生难忘的鞭策！序文节录于此：

> 几十年来，在编辑工作岗位上，我曾遇到过不少可敬的业余作者，他们默默无闻，写作条件大都不见得好，只是仗着某种顿悟和锲而不舍的精神，写出了令人不能不为之赞叹的佳作。我总是为他们的勤奋和才华而感动，也总是热切地希望他们从自己诚实而艰辛的劳动中获致的可喜成果，得到承认，受到尊重。我想，发现这样的成果，并使之成为人民共同的文化财富，正是编辑工作者的天职。
>
> ……
>
> 当陈泽泓把他那其厚盈尺的书稿拿到我的面前时，我已不在其位了。但我仍旧不能不为作者这令人肃然起敬的艺术成果所感动。这卷帙浩繁的业余劳作，如此精致，如此一丝不苟，该耗去作者多少个不眠之夜啊！这分明是作者非常认真的、郑重其事的、付出了心血的成品，虽然并不一定具有很高的艺术性，但是自成风格，别具情趣，那些黑白对比鲜明的图像有一种恬淡而又高洁的美，自有不可替代的魅力。我认为这是有出版价值的。广东人民出版

社接受了我的推荐，现在，作者这多年的心血结晶即将付梓了，他要我为它写几句话，我自然是乐意为之的，因为自己确曾被作者非凡的毅力和他那精雕细刻的作品所感动过。

岑老的序充满恳切的期望寄托，没有以导师自居的刻意张扬，却有着润物无声的感染力！不光是对我一个人的肯定，更是对业余作者付出努力的肯定，对后辈崭露头角的成就视同己出的喜悦。砥砺前行的殷切的鼓励，是以甘为人梯、善作伯乐为己责的大出版家的心声！后来，从接续不断的各方面的信息，从各种场合听到的对岑老异口同声的感谢中知道，岑老从事出版工作60多年，写过不知多少这样倾心勉励后学的话，引导了不知多少初入此行的作者欢欣鼓舞地走上治学从文之路！

20世纪90年代，正是出版园地在"文革"的凋零之后百废待兴之时，积滞的海量书籍等着出版，市场经济的大潮更让适应形势需求的新书汹涌出笼，出版作品对许多作者来说是一种高不可及的奢求。《华夏建筑精粹》出版以后，乡亲林墉先生题赠了以下几句话："泽泓乡弟成此书，夏夜过味湖小室赠余，赏识，感而题之。盖当今出书之难，非后代所可设想，诚可叹可敬矣！"以林墉先生这样的大家，尚慨叹出书之难，作为一位业余作者的我，能遇到岑老的知遇，提携出版，幸甚至哉！岑老在《中国名塔》扉页上题赠："越是把时间献给事业，活着就越有意义。"这勉励，对我如醍醐灌顶般的点拨，治学从一种业余爱好升华为事业之举，成为人生意义之寄托！我原先常说，大事做不来，总是要做点小事。从做点事的自慰，转折为做事业的境界，岑老是吾顿悟之师！

倘若没有岑老的扶持使我走出了让作品面向社会的第一步，上了新的平台，就很难想象之后的接续前行：《华夏建筑精粹》出版后，先是在中山大学蔡鸿生先生主编的《历史大观园》封三连载古塔之图，应约撰多篇文章发表；再是应邀在中山大学开设"中国古代建筑史"课程；其后三十年间，撰写出版了《中国古塔走笔》《岭南建筑志》《拓展中的都会：广州百年城市建设扫描》《广东古塔》《南国杰构》《岭南建筑文化》等书，也参与主编、总纂了一些岭南建筑的书籍。

岑老为我开启了一扇通往治学之路的大门。走在这条路上，就像无数曾经受到他提携的作者那样，我仍时时体会到他细致入微的关注和鼎力支持。岑老构思了一套以反映中国古建筑特色为主题的《凸起的文化》丛书，约我撰写此丛书的第一本《中国古塔走笔》，时任广东人民出版社编辑的钟永宁是负责该书的责任编辑。《中国古塔走笔》1999 年出版，岑老又为此书撰序，时隔《华夏建筑精粹》系列出版 8 年。在序中，岑老以他与我的关系为例，谈他对编辑与作者关系的看法，畅叙情怀：

> 任何书稿都是必须经过编辑、印刷、发行的流程，才得以体现其文化价值或商品价值，产生影响，并转化为精神力量和物质力量的。作者与编辑是命定的盟友。书稿往

往成为作者与编辑之间的友谊纽带。本书作者陈泽泓同志
与我的关系便是这样的一种关系。

　　结识泽泓于90年代之初。我们是通过他的一套系列书
稿相识的。那是一套介绍中国历代著名建筑的书稿，分楼
阁亭台、高楼牌坊、名塔、桥梁、殿观寺庙等五册，以图
配文，图文并茂。由泽泓绘图并撰写说明文字。令我大为
惊异的是作者并非建筑行家，也非考古学者，更未有经过
美术专业训练，居然能编绘出如此精美和耐人寻味的图册。
就图像而言，细腻而美妙；就文字而言，扼要而精炼。分
明是作者作过大努力、下过狠功夫的结果。对泽泓这历时
五载，画幅逾千，多次几乎推倒重来，历尽艰辛方得以完
成的编写工程，我确实不能不肃然起敬。为此我乐于为之
引荐出版并为之作序。像我预期的那样，这套系列图册出
版后受到读者的欢迎。从此泽泓与我开始了至今已近十载
的交谊。他为"岭南文库"编写的《历代入粤名人》一书，
我曾参与编辑事务。多年交往，泽泓给我的印象是为人敦
厚，为学勤奋，为文严谨。"文如其人"，这种品性和风格
都融入于他稳重而扎实的著作中了。

在序中，岑老更对我提出了拓升创作成果的殷切期望：

　　《中国古塔走笔》的出版显然是一种很有意义的尝试。
继此之后，希望泽泓同志能对祖国其他著名古建筑分门别

类，再来几本"走笔"，也构成系列。这当然是十分费劲的劳作。泽泓年富力强，在中国古建筑文化知识方面积累甚丰。以已出版的五本系列图册为基础，以《中国古塔走笔》一书为先导并取其经验，费时十年八载，完成一整套《中国古塔走笔》的姊妹篇，应该是完全可能的。这无疑是一项饶有意义的工作。几句"序"之外言，聊供泽泓同志参考。

面对岑老的殷殷教诲，我不敢懈怠，终于以八年时光整理了历年积累，完成了集全国数千座古塔大成的《中国古塔全谱》。为了完成这一竭力而为的项目，视力明显退化。所幸在广东人民出版社总编辑钟永宁支持下，此书已编辑出版，算是完成岑老交给的一个作业，谨以此告慰他在天之灵！我好像看到了岑老在鲜花盛放处向我微笑点头！

知遇

出版家的睿智和伟大之处，不仅在于发现优秀作者、编辑优秀作品，更在于引导作者扩大眼界学识，提升作品。回顾往路，深感岑先生春风化雨、谆谆善诱。出版社与作者之间的关系，常见是作者供稿与出版社审稿出版的关系，而在我，总觉得是岑老不失时机地向我提出要求，在关键的节点上给我新的任务和鞭策，而我得以奋力向前，提升自我，是又幸甚至哉！

完成《华夏建筑精粹》时，我即感到中国传统建筑文化之精深博大，是一个大有可为而又无以穷尽的领域，更深知自己在治学上之先天不足，有诸多局限性，因此，我自定规矩：只研究物不研究人，只研究死物不研究活物，即只研究建筑这般的文物。孰料，这一规矩不久就被打破了——岑老促成了这一转变。我在广州市委老干部局工作时认识了李小松先生，小松先生原是中学校长、深有造诣的语文老师，桃李满天下，又是一位民主党派人士、离休干部。我因职责所在，撰文报道了他热心支持郭兰英在广州办学的事迹，他视我为忘年交。小松先生原著有《历代寓穗名流》在香港出版，因此"岭南文库"约请他撰《历代入粤名人》。1992年初，书稿已写到约十万字，他却查出癌症晚期，精神颇为不济，写信向岑老提议由我合作完成此项目，文库同意了他的请求。我不好推脱，只好勉力而为，想赶在小松先生生前完成此事，当年匆促交稿。然而，一年后的1993年9月，岑老来信询问："《历代入粤名人》书稿文笔和内容都较弱，不知你可否认真修改一次？"信末不忘写上"顺候若子同志好"。此时小松先生已仙逝，我只好对书稿作近乎重写的修订，才使书得以付梓。由此我打破先前自定的框框，随后撰成《广东历史名人传略》及其续集、《番禺人杰》等书。

没有岑老的鼓励和信任，就没有我向地域文化研究的扩展。1993年，按照文库选题计划，岑老提议我写一部潮汕文化的书。我虽是潮汕人，但少小即"上山下乡"离开家乡，后来又到了广州工作，对家乡文化了解不深，表示为难。岑老用清澈如水的目光望着我，鼓励我："我相信你行的！"那充满着尊重和信任的眼神，对我是一种鞭策！于是，我从头恶补各种相关资料，竭力写成《潮汕文化概说》，蔡鸿生教授为之撰序。该书出版后，获潮汕历史文化研究中心授予第五届潮学奖一等奖。不料，岑老接着竟又约我撰《广府文化》一书。此前编辑部刚退回了一位有名气的作者有关这一专题的书稿，更何况我不是土生土长的广州人，何以胜任这一课题？岑老还是那句话："我相信你行的！"在这样一种无形而有力的激励之下，我终于完成了这可能是第一部以"广府文化"命名的专著。此前，《岭南文库》出版过一部《客家风华》，实为客家文化专著，社会反应不错，客家人广州市市长杨资元写了书评登报。《客家风华》的四位作者中有三位不是客家人，可知文库约撰作者之不拘一格，这离不开主编岑老的伯乐眼识。

作为一位德高望重的出版界前辈，岑老没有一丝一毫的大家架子，他很注意倾听、采纳别人的意见，虚怀若谷。与别人交谈，从不打断人家的发言或不礼貌地反驳。在讨论中，他一反平素交往时的宏亮声音，轻声细语，娓娓而言，让人感觉到很放松。间或提出问题，也总是让人感到不是敷衍而言，更不是咄咄逼人，而是在平等讨论，让人没有一丝压力，引发论者思考。更重要的是，他不是虚应故事，一旦认定了事情可行，他会立马将采纳的意见付诸实施。我甫退休那年，岑老即亲自向省委宣传部主要领导报批聘我任《岭南文库》编委会办公室主任，让我有机会参与选题、编辑等工作，也常让编辑部将文稿给我，让我提出审读意见。《南汉国史》书稿作者是位博士研究生。评审中有人提出课题重大而作者太年轻，知名度不高，宜酌。我认为作品能补文库中重大选题之空白，书稿有较高研究水平，着力于篇目的修改可达到出版要求并提出了具体修订意见。岑老当即拍板同意。2004 年，我得知省委主要领导在广东社科成果展览会上力倡编印岭南文化书籍短平快的主张，因此建议文库开发此类新产品。岑老原来就有开拓普及型岭南文化读本的设想，立即大刀阔斧地作出了部署，亲力亲为地出面组稿，使《岭南文化知识书系》在数年之间编辑出版数百种，为大众展现了一个琳琅满目的岭南文化百花园。从岑老身上，我看到一位出版家善于吸取各方意见的可贵品质！他听取意见时，总是和颜悦色，专心致意，因此我总能够无拘无束、知无不言地提出个人的见解。现在回忆起来，像他那样认真倾听他人意见，真心吸取百家之长的大家风范，真不容易做到。而一旦作出决策，他又是那么雷厉风行地投入，那么高效率、高质量，令人敬佩不已！

　　岑老是一位大作家、大出版家，却总是以一种平易待人、为人着想的仁厚长者的姿态对待他人，真诚地对待下属、同事、作者，把他们的事当成自己的事办。曾任《岭南文库》编辑部主任的曾宪志回忆他在编辑部工作的经历，说道："在我们这些晚辈面前，老岑又是一位慈祥的兄长、父亲。他会为我们这些晚辈生活当中遇到的困难着急，家属的工作调动、小孩的入学，甚至年轻人的婚恋，只要他知道了都会为之操心，让我们晚辈感受到老父亲般的关爱。" 从编辑部人员对他发自内心的尊敬中，可以体会到一种由爱心凝集的团体的战斗力。岑老把他那种"老父亲的关爱"，还施之于对作者的关爱上，不仅对作品独具慧眼，对作者极力鼓励，而且对作者关怀备至，做作者知心的挚友、慈祥的长者。我听过他把《人啊，人！》这位宣扬人性觉醒的作者接到家中安置的事迹，感佩老一代出版家从胆识到情谊上的担当。即使对我这样不足为道的作者，岑老的温润关爱也及于我和家人。广东人民出版社曾出版家父的《蔡瑜画集》，岑老因而对家父的情况有所了解，他出差汕头时，专门绕道潮州到我家中访问。2014 年，他听说家父要在顺德举办画展，十分高兴，多次询问办展具体时间，欣然应邀撰写了《艳丽不妖无媚魂》诗画读后感，作为画展代序。开幕那天，他早早到了展场，与家父亲切交谈。所撰代序，既流溢着赞誉，也鲜明地反映了他所赞赏并坚持的艺术主张、人生主张：

　　笔者犹慕其竹：那拂云弄月之竹，何等挺拔！那婉转低回之竹，何等谦恭！那为狂飙所肆意凌虐之竹，又是何等坚韧不拔！那风中之竹，以其绝然不屑与恶势言和的冷傲之态，真令人为之怦然。知蔡瑜者，无不以其笔下梅竹所寄托联系其为人。蔡瑜特立独行，不悦流俗，不趋炎，不附势，淡泊明志。……如此情怀，赢我心仪。谨借范仲淹在他传世之作《岳阳楼记》中收篇一语，结束我的这篇短文：噫！微斯人，吾谁与归？

　　岑老对吾妻陈若子全心力支持我的创作并付出的艰辛劳动十分赞誉，对我们一家就像家人一样亲切平易，给我致信或打电话，不忘问候若子。我们也把他当成家中长辈一样尊敬，每逢中秋，总会登门问候他，岑老伉俪总是欢悦地接待我们，关切地询问我近期有什么著作，关心小孩成长。更为令人感动的是，2010 年若子病逝，80 多岁高龄的岑老竟亲莅她的遗体告别会。其待人之诚恳忠厚，温暖如春，从这些日常的言行举止可见一斑。他那种对出版事业的真善美的追求，其实是熔铸在人格之中的真善美！

　　岑老对工作尽心尽职，对自己的身体并不很在意。每当得知他住院的消息前往探望他时，他总是对我说，不要紧，很快会出院。话题总要转而谈及出版的事。2003 年，他做心血管搭桥手术，术后伤口感染，我和若子去探望他，只见他胸前赫然一道口子未愈合，跟探视者谈话，声音轻慢些许，却依然脸挂笑容。去年下半年，他已经住过一次较长时间的院，因疫情医院有规定，我不能如往常一样前往探望他，只能与他通电话。他说一出院就会通知我。出院不久，我和女儿前往黄岐他家中探望他。他接到我要去探望他的电话，开口即说：你有书稿要带来！春节前，他再次入院，得知他出院，我又与女儿在年初四前往黄岐探望他，只见他依旧笑容满面，声音宏亮，但脸消瘦得多，面色也比之前灰黄。岑老夫人田姨得了帕金森病已有一段时间，见了客人微笑着，却无法识别客人，可以想见两位老人居家的日常境况是多不易。不料甫一见面，岑老立即拿起手机向编辑部人员查询他经手的我的一份书稿受理情况，电话没有人接。我告诉他节假日好好休息，安心休养，不用急着操心这事。临走，我请他在家门口留步，他坚持要送到大堂门口，告别时，还比了一个写字的手势，向我叮嘱一声："要写！"想不到，这竟是他给我最后的叮嘱！没过几天，他又再次入院，这一次进了 ICU（重症监护室）。他让家人告诉我他的情况，我向他打了电话，没有接通，只好留言请他多保重，祝早日康复。岑老归终之际，又叮嘱过家人，要陈泽泓来送行，我将永远记住老人家对后辈的这份厚情！参加岑老的告别仪式，与老人家见过最后一面，告别仪式上响起岑老生前喜爱的乐曲，视屏上重映着他一生若干时期代表性照片，一幕幕宛然过眼，老人安详地走了！留给我们的是《当你还是一朵花》《上路吧，路的尽头，鲜花盛放》这样充满寄望、畅达人生的美文！天空中，回响着他宏亮的声音："只要有船和风，我还是要出海的！"尚留在彼岸的我们，目送着岑老走了，送走了不可能再现的这一时代的出版大家！

感遇

出版界设有伯乐奖，岑桑先生是当之无愧的伯乐奖获得者！伯乐者，要有知人善任的眼光，要有海纳百川的胸怀，要有奖掖后秀的大气，要有甘为人梯的担当，岑先生在这些方面都是名副其实的！

《岭南文库》的缔造，为岭南文化的崛起树起一座无可否认的丰碑。如今，对着《岭南文库》那堆积起来如一座巍巍高山的出版物，谁都不会否认岭南文化的丰厚内涵和文化价值。岭南文化的推介和研究，已然成为广东的文化热题，成为广东社科研究的显学。《岭南文库》更成为岭南文化的一个金字招牌！然而，38 年前的 1984 年，在广东出版工作会议上，岑老提出的创办以弘扬岭南文化为宗旨的《岭南文库》的动议，竟然因学界某些人对岭南文化这一概念是否成立的质疑而使此议的实行被延置了五年之久，赖有岑老不懈的努力，文库终于脱颖而出，走出了一条光明之道。文库在当今的经济大潮中走过来，有的时候并未得到应有的重视，如此坚持学术品位、地方特色三十几年镍而不舍，将其打造成足以使岭南人引为自豪的文化品牌，筚路蓝缕，谈何容易！何况奠基、开路的，是一位年过古稀的老人！我亲睹岑老为组稿奔波劳顿，对选题集思广益，对编辑严格要求，甚至为编辑部的日常事务殚精竭虑的种种情形，说岑老为事业呕心沥血，并不为过，他对岭南文化的保护与传承更是功不可没！作为文库的第一批作品的作者，亲眼看到人数不多的编辑部在岑老的带领下，如何忘我工作，如何反复推敲每一个选题，与作者一起对作品修订进行切磋，对文稿费尽心力、逐字校勘。直至逝世之前，岑老一直担任文库的执行主编，名副其实地投身工作，每周周一至编辑部上班，亲临一线，解决重大问题。就我所知，以年过 90 的高龄坚持上班，全中国甚至全世界也许就只此一位！在中国出版史上，这是值得书上一笔的纪录！岑老对于关系文库的重大策划、重大活动，也是亲力亲为。去年，在广东人民出版社主办的庆祝文库创办三十周年会上，岑老在主题发言中声如洪钟如数家珍地历数了文库的成长历程，其记忆之完整，思路之清晰，令在座诸公为之惊佩！文库从创立至今，其选题坚持严肃的学术标准，使文库在全国的地域文化丛书之列中，成为坚持时间最长、规模最为可观、学术面貌清晰的佼佼者。

我更见到，自始于今，文库编辑部在使用来之不易的资金时，是如何坚持勤俭办出版的，即使与作者的商谈会面误餐需要解决吃饭的问题，经常都是经济的茶点。岑老对于文库创建时筹集到的基金，坚持只使用利息而不动用本金不支援。曾经有一段时间，有人出于某方面的原因采取挤压态度，那段时间，面对巨大的压力，岑老态度淡定，坚持把文库办下去，正常工作，表现出一种我自岿然不动的大将风度！他引为骄傲地对我说，在三十年的风风雨雨中，一些人经受不了市场经济的考验而失足于金钱面前，文库出版取得这样的成就，却能做到基金数额秋毫无损，学术面貌丝毫不变！岑老坚持勤俭办事业，以身作则带领文库，在这方面，也竖起一面迎风飘扬的旗帜！

不同于其他的许多出版家，岑老的甘为人梯精神更贵在牺牲自我。岑老以文学家知名于世，特别是他的散文，感情真挚，文字优美，娓娓道来，理在情中。《当你还是一朵花》对一代年轻人的影响，远远高出于一篇普通文学作品的作用；《鱼脊骨》魅力依旧；支持《人啊，人!》的出版，体现了特定环境下难能可贵的坚持真善美的风骨。作为一位著作丰硕的老作家，又兼而为一位成就卓然的出版家，他的聪明睿智，其实可以在文学方面发挥出更大的作用，创作出更多的作品。然而，他将从事的出版业视为终生事业，投入了更多的精力。在省作协为他举办的从事文学创作 50 周年座谈会上，我在发言中说到，出版是为他人作嫁衣裳的工作，作家是以自身成就展现于世的工作，岑老在在文学方面已卓有成就的情况下，不以个人成就为念，把一生中主要的精力放在出版事业上，扬名全国文坛的花城出版社，他是创办者之一。他在出版岗位上，培养出许多后来的文学精英、学界俊彦。在办理退休手续的 1990 年，他本来要开始自己筹划已久的创作计划，却毅然接受了创办《岭南文库》的重任，以超乎常人的毅力和意志，率领编辑部同仁，撑起《岭南文库》的一片天。也许，广东的文学园地因此损失了一批万里芬芳的文学作品，出版园地却崛起了一座岭南文化的丰碑！他以个人的损失，换来了岭南文化、学界的硕果！

　　会上，中山大学张荣芳教授的发言别开生面，从岑老的著述分析岑老的史学成就，条分缕析，令人信服，文稿长达近三万字，揭示了岑老鲜为人知的史学修养！老一辈学者知识渊博，这种文史兼容的底蕴也自然体现在其文学作品中。如果让岑老在文学天地中有更多时间驰骋，他无疑会有更为丰硕的个人成就。正是他对小我作出的牺牲，成就了以《岭南文库》三十余年成就为代表的出版业的发展，让许多后进成长起来并得到展示才干的平台，更让岭南文化有了一个全面聚集其辉煌的橱窗。这一丰功伟绩，将永载岭南史册！

岑老走了，我的耳旁却无时不响起他的叮嘱："要写！"我已年过古稀，近年明显感到力不从心的疲惫，想停下"写"的脚步，许多友人出自好心也劝我该停歇休闲了。可是，岑老的榜样，就在眼前，他慈祥的眼光望着我，叮嘱着"要写"！还能写什么，如何写?！"一朵花"的年代在我辈已是远逝的过去，即使在回忆中似乎也是一种难得的奢侈，可是未来还有路的尽头，盛放的花丛中再见到笑容灿烂的岑老向你招手，将何以答?

壬寅酷暑于羊城壁半斋

书香岑桑

张　梅

　　只要想到岑桑社长，我的面前就会出现一本书，一本厚厚的书，装帧简朴，暗香浮动，还是线装的。这本书，是由他老人家一生对书和出版的热爱交叠而成。一页页，一册册，字迹丰满，内容厚实。

　　1985 年我进入广东人民出版社的时候，依然是人民社最鼎盛的年代。那时候，虽然广东科技、岭南美术和花城出版社相继从"母社"分立而成，但新世纪和广东教育出版社还是人民社的副牌机构，可见一个那么大的出版社，每天都有多少繁杂的事务要处理。我去出版社之前，只是广州机床厂技术科的一个工作人员，而人民社的编辑人员都是名牌大学毕业出来的，学历和水平都很高，所以我去的时候战战兢兢的。但岑社长一点架子也没有。他那时已经大名鼎鼎，出版了一些全国有名的文学作品，天天都很忙。我们和老社长基本没有什么机会能够聊天和说话，他要管的事情太多了。但是，在我出版第一本散文集的时候，我请岑社长为我写序，他很爽快地就答应了。我受宠若惊，因为那个时候我只是人民社的一个普通编辑。他写完叫我去他的办公室拿序，把他的手写原文交给我。我看到了岑老的那一手非常特别的钢笔字。他在序里不拘小节地写了我这个不拘小节的人，非常有意思。说第一次见到我在办公室，就是把脚架在书桌上修指甲。我也有点不好意思，但其实我和岑社长都没有觉得这是一件什么不好的事，反而证明了那个时代大家都非常放松，把出版社当做自己的家一样。因此我也在那时写出了一些好作品。在他的领导下，人民社是非常地放松和严谨。放松是人际关系，严谨是治学。放松跟严谨居然能够结合在一起，就证明了这个地方是多么地有活力，多么地吸引各种人才。岑社长的那篇序，我一直珍藏着。后来我几次调动工作，序也一直在我的办公室里的书桌里。单位后来搬到华乐大厦，办公室刚刚装修好。结果有一天晚上爆水管了，把我所有的东西都泡了，就连我非常珍爱的岑桑社长的序也泡得字都化开了。我非常地心痛。

我一直认为写作的人是不需要见面的。这个想法可能也是错误的，导致我离开出版社以后二十多年，都没有见过岑桑老先生。当时他在出版社分的房子是在东山的小观园。我先生分的房子，也是在那里。刚好我们大家都是五楼，阳台对着阳台。有几次我和他太太还在阳台上对话，现在想起来也非常有意思。前几年，岑桑先生获得广东文艺终身成就奖。我也去参加了他的研讨会。那个会上有很多出版界的朋友都是岑桑社长一手带出来的干部和编辑。我在会上也热情洋溢满怀激情地讲起我当时在出版社的体会，觉得那是我人生中最愉快的十年。之后我就约了黄茵等几个写作的人去他家里探望老社长，他后来搬到南海黄岐的一个楼下有花园的房子，房子收拾得非常干净和文雅，墙上挂着出版社的同事梁培龙的画。那天下雨，是岑桑社长的孙女小可用车接我们过去的。我经常看到一些写岑桑社长的文章都谈到他对写作者的教导和提点，但是我就没有得到过岑桑老先生在文字和文学上的提点，十分遗憾。估计老社长认为我这个人太过顽劣，也没有值得提点的。

我是到了出版社以后才开始写作和发表一些作品的，这得益于在岑桑先生领导下的人民社的学习氛围和创作氛围。那个黄金时代，各行各业都是蒸蒸日上，百花齐放，人人奋勇争先，真是一个美妙的年代。在这个美妙的年代里面，我有幸遇到了像岑桑老社长这种胸怀宽阔的有学之士，这是非常荣幸和荣光的。广州市大沙头四马路 10 号，三十年一挥间，这个地址永远印在我生命的名片上。谢谢岑桑社长。

千金何足重 所存意气间

李志光

2022 年 2 月 26 日下午 6 时，我从电话中惊悉岑桑同志在三个小时前仙逝了，眼泪夺眶而出。面对岑桑同志生前赠送给我的签名著作《岑桑作品选》（荣获 1990 年"冰心儿童图书奖"，我是责任编辑之一）、《鱼脊骨》、《风雨兼程——记岑桑》，我与这位老上司、老朋友 40 年来的往事，一一呈现在眼前。

我称呼岑桑同志为"老岑"，岑桑同志叫我"查理"。

记得 1986 年 8 月 22 日，我和老岑、陈作筠前往新疆参加《祖国大家庭》丛书第五次会议。会议期间和结束后，在时任新疆军区副司令员刘凌同志的安排下，我们参观了高昌故城、火焰山前的千佛洞、交河遗址、葡萄沟，游览了天池，参观了伊犁清真寺，寻觅林则徐充军新疆的史料。

我还陪同老岑去过西安，专程参观了世界上绝无仅有的兵马俑。路过郑州时，专程到 1938 年曾被国民党炸毁的黄河大堤

"花园口"参观。

我参加过老岑主持，秦牧、黄庆云、郁茹等参加的研讨会，研讨了广东少儿读物如何发展的问题。

我和老岑一道，接待过陈伯吹、柯岩、叶永烈、戴厚英、刘心武等著名作家。

老岑指导策划了《新世纪启蒙读本》并亲自参与审读修改。

我陪同老岑到中山、从化等地，参加当地教育部门组织的中小学生读书活动。他作报告，并和小读者座谈。

经老岑同意，我把他的作品《野孩子阿亭》改编成连环画脚本，黄穗中配图，1988 年在《广州青少年报》连载。

我陪同老岑到过东莞石碣镇，参观明代爱国英雄袁崇焕纪念公园——崇焕故园，瞻仰袁崇焕跃马扬刀杀敌的英姿。参观后，老岑还为石碣镇在场的新老朋友即席挥毫。

我到过老岑顺德葛岸村的故居。老岑把祖屋献给了镇政府，现在成了"岑桑书屋"。老岑和夫人曾三次到我的故乡东莞清溪镇，实地考察了这个"中国最美小镇"究竟美在哪里。

1995 年，老岑和王俊康（广东省作家协会原党组副书记）介绍我加入广东省作家协会。

老岑和我一起为我的外孙女起名字，并在 15 年后接受她的采访："我怎样才能成为作家？"

我曾为老岑理发两次，业余时间和他下过三盘象棋……

2002 年 9 月，老岑在广东省人民医院做了心血管搭桥手术，8 个多月才出院。我去探望时对他说："您做了搭桥手术，回去当个顾问算了，'顾'一下，'问'一下，必要时才回去一下，搞好身体要紧。" 老岑说："唔得。"我问为什么，老岑说："人脉关系。我一世就要做到死。" 老岑退而不休，凭着他的"人脉关系"，积极为《岭南文库》筹集出版基金，也促进了广东优秀少儿读物出版基金的建立。他借"人脉关系"策划选题，物色作者。《岭南文库》出书 167 种，《岭南文化知识书系》229 多种，足见老岑作出的重要贡献。

老岑生日、逢年过节，我都致电表示祝贺。今年春节，我致电老岑，祝他龙精虎猛，家庭幸福，却发觉老岑的听力、记忆力都不及以前了，没想到过了 25 天，他便不幸与世长辞了。

老岑凭一颗红心，不辱使命，为党的出版事业，为《岭南文库》付出了宝贵的精力和心血。

老岑知识广博，记忆力特强，教过英语，可以用英语跟人聊天。

老岑薄于对己，厚于对人，宽宏大量，平易近人，对朋友真诚、热情。他写给孙女的座右铭是：勤奋、正直、朴素、真诚。这其实也是老岑自己的座右铭。

我至今保存着老岑 1994 年给我的亲笔题词：

千金何足重
所存意气间

2022 年 4 月 20 日

追忆岑桑叔叔

曾应枫

2022 年 2 月 26 日，广州结束连日阴冷的天气，太阳露出笑脸。

然而，广东出版界、文学界元老，尊敬的岑桑叔叔却再没能和大家一起享受明媚的阳光，告别了他孜孜不倦的文化事业，告别了他依依不舍的读者、作者，定格在 96 岁的人生旅程上。

我没有料到岑桑叔叔的最后离去会这么快，一下把我炸懵了，脑子顿时如翻江倒海，不断搜索着我与岑桑叔叔交往的重要时光，最后一次见面、最后一次通话是哪一天呀？好不容易想到了，是 2020 年 6 月 19 日早上，我随广府人联谊会几位同仁到位于南海（号称广州中山九路）的岑桑叔叔家，聆听他对组织撰写《广府文库》的想法，汇报我们写作计划中的种种构想。那时的岑桑叔叔精神矍铄，一直在认真地与我们交流，一点不像个 90 多岁的老人。确实，他在广东文化界、出版界的口碑极好，身体健康，思维敏捷，还一直在广东人民出版社工作着，怎么说走就走呢！

我们最后的一次通话是 2022 年 1 月份，过年前。我知道岑桑叔叔人脉极广，想提前给他老人家拜年，并告知他一直关注的《广府文库》中第一批作品，其中我写的那本《车陂龙舟》书稿已经完成。电话打通了，可是岑桑叔叔却怎么也听不见我说什么，他只好把手机转交保姆，再进行转达，我们的通话费力地在我、他与保姆之间进行。我不知道岑桑叔叔究竟听到什么。放下电话，我有点不安，他怎么不愿戴耳机呢？可又一想，岑桑叔叔耳背多年，可并不妨碍他的思维与工作，就是在上一年，他还给我打过两次电话，问我广府的民间文化状况，构想着往下要组稿要出版《广府文库》系列丛书的事。我心中祝福着岑桑叔叔健康长寿，准备等我那书出版后，要带着新书去拜见他老人家。没想到呀，一个多月后，我再也不能与敬重的岑桑叔叔通话了。幸运的是，我在今天才确知，岑桑叔叔作为《广府文库》的主编，在临终前已经把我的书稿审阅过了，在即将印刷的书稿上面有他编辑修改过的字迹。我不禁长嘘一声，没有遗憾啦！

岑桑叔叔曾笑说是看着我长大的，这话没错。他与我父亲曾炜是广东文坛的老友，又是顺德乐从同乡。我父亲年长他 7 岁，两位前辈可谓"性相近，习相远"，但不影响他们的熟络与亲密，见面多以"讲笑"始。记得曾听父亲称赞岑桑叔叔如何多才多艺，还能将字写成"俄文"。作为后辈，我真正见识了岑桑叔叔是在 1973 年，当时我在海南琼海的广州部队生产建设兵团当知青，学习写作的第一篇短篇小说《"转化师傅"》，就是经岑桑叔叔一字一句地修改后，于 1973 年 6 月在广东人民出版社编辑的"上山下乡知识青年短篇小说集"《峥嵘岁月》中出版。如今翻看这本半个世纪前出版的《峥嵘岁月》，没有署编辑、主编的名字，但当年岑桑叔叔对我们上山下乡知识青年的关怀，修改作者文稿的细致与认真，还有他别有风格的字体，都深深地印在我脑海里。

到了 1989 年，我在花城出版社出版第一个中篇小说集《一个女人给三个男人的信》，找谁写序呢？我第一个想到岑桑叔叔，想到多年前他为我的处女作付出的心血，激励着我在敲开文学殿堂之门后，不断地增强文学写作的自信，坚韧地开拓文学事业之路。岑桑叔叔是了解我的，他深深了解我们这一代文学青年的不足与优势，知道我是靠对生活的体验，用自学加苦行僧式的磨炼，才得以在《花城》《作品》《萌芽》等全国有影响的刊物上陆续发表文学作品，终于结集出版第一本小说集。我希望能得到岑桑叔叔中肯的评价与鼓励，可我也知道，岑桑叔叔已经成为广东文学出版的开拓者和领潮人，他担任出版社的主要负责人，策划与写作等任务繁重，找他的人很多，他能有空为我写序吗？我忐忑不安地拿着书稿敲开了位于东山口岑桑叔叔的家门，没想到，他一听说是为我的第一部小说集写序，高兴地应承下来。十九日后，我拿到岑桑叔叔写好的序言，读着这篇足有两千多字的序言，一股股暖流使我激动，岑桑叔叔认真地看过我 16 万字的文章，对我每一阶段创作的小说作了中肯的评价，序言最后写道："阿枫这第一个集子要出版了，作为眼看着她日渐成长的老一辈同行，我自然是十分高兴的。希望她能进一步开阔自己的视角，更多地磨练自己的表现手段，在更加严格的意义上追求自己思想上和艺术上的突破。"

我感谢着岑桑叔叔，记住了他的话。我不敢怠慢，不断在文学创作与民间文艺事业上开拓。跨越近半个世纪后，我也学着给新一代文学青年出的书写写序，激励后生也激励自己。我也知道，岑桑叔叔在广东出版界频频有大手笔，主编全国第一套大型地域性学术文化丛书——《岭南文库》，策划推出了上百本通俗性读物——《岭南文化知识书系》。有幸的是，2008 年我也参与了其中的写作，出版了《广州牙雕》一书。

更没想到，2020 年 6 月，我又与 94 岁高龄的岑桑叔叔因为主编与作者的机缘见面了。多少年没见，他老人家一如既往地富有风采，认真而细致地聆听，和我们每个作者一一交谈，让我们心服口服。还是谈稿、约稿，面对这位老人，我不禁百感交集，真是几十年如一日呀。我们两代文化人的再见面，谈的还是文学与写作。我向岑老送上一包小茶叶，他带笑地说，你还客气呀，高兴地收下了，我不禁想起多年前请他为我第一本书写序言，送上的也是一包小茶叶，他也是如此这般欢喜地收下。

一直谈到中午，岑桑叔叔笑着提议，一起到附近酒楼饮茶。席间，大家都有说不完的话，临走，想起要埋单，岑桑叔叔笑说，他已经搞掂了。"这怎么可以?!"我正要喊，一同行者说，不要争了，岑老约作者来谈稿，多是他埋单。天，面对我尊敬的文学前辈呀，我还能说什么呢?! 8月的龙眼丰收季节，我想起了岑桑叔叔，托朋友寄了箱龙眼给他尝尝，我知道他吃不了多少，但会喜欢，我就喜欢看岑桑叔叔高兴的模样。

岑桑叔叔没有走远……

风雨岁月中的记忆

——怀念岑桑

龙莆尧

　　2022 年 6 月 25 日下午，广府人联谊总会、广东省广府人珠玑巷后裔海外联谊会、广东人民出版社联合出版的《广府文库》第一辑首发式在广州购书中心隆重举行，由于我的《水乡漳澎》列入这一辑出版，所以我也应邀出席。首发式上，当我手捧着碧绿色封面的书与广府人联谊总会创会会长、广州市老市长黎子流，广东人民出版社社长肖风华等一众领导嘉宾合照留念时，心潮顿时翻滚起来，眼睛也禁不住一阵阵地潮热，此时，我并没有丝毫因为自己的新书出版而激动的感觉，只是在心里不停地呼唤着：岑叔，您一字一句审校过的《水乡漳澎》今天举行首发式了，您来了吗？

　　我很明白，岑叔已于 2 月 26 日仙逝，他自然是来不了的。可幸的是，他的二儿子岑之邦闻讯赶来了，岑之邦在向我道贺的同时，还给我送了一束鲜花。我很感动，也深感慰藉，因为在我看来，岑之邦的专程到来，很大程度是代表他父亲的，在捧着这束鲜花之时，我感觉岑叔正笑盈盈地站在我的身边！

由于我母亲与岑叔自上世纪 40 年代抗日战争时期以来一直有交往的缘故，我在孩提时便认识岑叔。我母亲与他见面或通信时都以姐弟相称，那时，我顺理成章叫他"舅舅"，不过，待我长大并在他的指引下投身业余文学创作以后，他便郑重向我提出，不要再叫他"舅舅"，而要改叫"岑叔"。我明白，他有意为我在文坛做些帮扶之事，要我称呼他"岑叔"，是为了避嫌。印象中，小时候每次随母亲到他家探访，临走时他都会送给我们几本书，或连环画或通俗读物。记忆最深的是，《十万个为什么》刚出版不久，我们便从他那里得到了一套。那时家穷，几乎连学费都交不起，更毋庸说买课外读物了。得了这套《十万个为什么》，真如得了珍宝一般。

我与岑叔单独交往，始于 1972 年。那时，我正在东莞水乡当知青，加入了当地的文艺宣传队，开始尝试创作小戏。我母亲得知我喜欢上文艺创作，便嘱我与岑叔联络，向他讨教。我鼓起勇气给岑叔写了一封信，表达了自己想投身业余文艺创作的愿望。岑叔很快便给我回了信，直到现在，我还记得信中有这么几句话："在你的来信中，感觉你的谈吐很有分寸，文笔也很流畅，只要坚持下去，是会取得成绩的。"岑叔的回信，给了我莫大的鼓舞。从此，我的小戏作品一个挨一个问世，在东莞县和惠阳地区的会演中都获了奖。他得知我的小戏获奖，便嘱我挑选其中一个寄给他，不久，我创作的小戏《五斤小麦》便被收进广东人民出版社的一个小戏集子出版了。

1973 年夏天，广州市文化局为了解决文艺战线青黄不接的状况，要举办一个具有中专性质的文艺创作班，学员在全省上山下乡知青中招收。岑叔闻讯后推荐我去参加考试。那时，我的家在广州市郊区，市内没有落脚的地方，考试前一晚，岑叔安排我在出版社的招待所住下来，第二天又特意安排大儿子岑之京领我到解放北路清泉街文化局的考场参加考试。试后，岑叔一直关注着我的录取情况，在与主办方沟通之后及时写信向我通报，他信中有一段话，我至今记忆犹新："我已问过主考，说你考得很好，录取当无问题。"想不到的是，我最终收到的竟是一张"不录取通知书"。事后，岑叔来信安慰我，说我确实考得很好，但因为名额有限，我落榜了。他鼓励我说，日后的路还很长，不要因此而放弃自己的理想和追求。对于"名额有限"这种说法，我并不相信，我隐隐约约觉得，我的落选，一定与我的家庭出身有关。果然，"四人帮"倒台以后，岑叔约我母亲及我到广州太平馆吃西餐，专门向我讲述了当年我落榜的真正原因：并不是所谓的"名额有限"，而是因为有人对我父母的历史提出质疑。令我想不到的是，坚持要将我剔出榜外的竟是一位我平日十分敬仰的老作家。席间，岑叔问我有没有继续写东西，我回答说有，他听后显得十分高兴，我明白，他是担心我受到那件事的打击而放下手中的笔。

时间来到 1990 年，此时，我已在《羊城晚报》《作品》

《广州文艺》等报刊发表过数篇小说和散文作品，已具备加入广东省作家协会的条件，在我填写入会申请表，要物色两个入会介绍人时，我第一时间想到了岑叔，那时，他正在广东省作家协会副主席的任上。得知我要找他做入会介绍人，他欣然应允，并邀上当时的广东省作家协会秘书长曾炜，在我的入会申请表入会介绍人一栏中签上了他们的名字。

加入了广东省作家协会以后，我在履行本职工作之余，写得更加勤奋，陆陆续续出版了一批小说集、报告文学集、随笔集、戏剧剧本集等集子，岑叔也一直关注着我的创作，并时不时通过电话或利用我们两家人互访的机会，鼓励我继续坚持写下去。

2005 年 11 月，他专门驱车到黄埔我工作的地方找我，在询问我日常工作及业余创作情况之余，向我介绍了广东人民出版社正在编辑出版的《岭南文化知识书系》的情况，并力邀我为该书系写稿。一个著名作家、《岭南文库》及《岭南文化知识书系》的执行主编，亲自登门向一个名不见经传的业余作者约稿，这令我及我的同事都深为感动，这足见岑叔对工作的热忱，也足见他对我不离不弃的关爱。为了报答岑叔的这份关怀，我立刻中止了原计划中的小说创作，以我最为熟悉的黄埔的人和事为题材，连续写下了《黄埔沧桑》及《话说长洲》两部书稿，这两部书后来都顺利出版了。

2020 年 7 月 12 日，我接到岑叔的电话，说广东人民出版社正与广府人联谊总会合作，编辑出版《广府文库》系列丛书，他邀我为该丛书写稿，并说马上通过电子邮箱给我发来该书系的总序，嘱我早日向他报送选题。此时，正是我刚刚完成长篇人物传记《誓不低头》的撰写，正筹备另一部人物传记的撰写之时。

接到岑叔的电话，我丝毫不敢怠慢，在推延原定撰写人物传记的事宜之后，立即投入到了选题的思考之中。在岑叔发来的总序的指引下，我很快便以我当年下乡当知青那个水乡漳澎村的传统文化和独特民俗为对象，确定了选题。7月18日晚，我把选题和选题说明通过电邮发给了岑叔，岑叔连夜看了，马上通过电邮给我发来三个字："好极了！"第二天一早，我再次收到他的电邮："今早再读了你写的'选题说明'，更觉得我们拟议中的选题大有可为，可以切入的口子很多，何止写15万言！真的值得你到漳澎生活两三周，捕捉更多的素材，让作品更多彩多姿。预祝你写出一部有震撼力的新作。"

为了不辜负岑叔的厚望，我不惮新冠疫情肆虐，于9月中旬回到了我当年生活了8个年头的村庄，一住便是20多天。我把初拟的书稿提纲发给岑叔，在提纲得到他的首肯之后，我便于10月中旬开启《水乡漳澎》的撰写。这期间，岑叔一直关注着我的写作进度和质量，2020年刚刚过去，他便来电邮询问我的写作情况，我把草拟好的一部分书稿发给他，他连夜看了，并发来电邮给我鼓励："来件收读，印象很好，请抓紧写下去……"

2021年3月中旬，我把21万多字的《水乡漳澎》初稿电邮发给《广府文库》编辑部，不久便收到编辑部发来的打印稿，打印稿上，有一处处编辑修改的笔迹，当我见到这些龙飞凤舞的笔迹时，一眼便认出这是出自岑叔的"岑体"，面对着这再也熟悉不过的"岑体"，我的心头顿时涌起一阵莫名的激动，我本以为修改初稿只是编辑部编辑的事，没想到作为主编，时年95岁的岑叔，竟然对我的初稿一字一句地作了审阅和修改，甚至连标点符号也眷顾到了，作为一个普通的业余作者，我是何等的幸运。

趁着书稿在出版社编辑室"逗留"的空隙，我突发奇想，何不将自己这些年写下的一些散文搜集起来编成一个集子，让岑叔为这个集子写个序言？这些文章都是有电子稿存留的，编起来并不十分困难，但是，当我将这部定名为《梅花魂》的散文集编好以后，却有些犹豫了，我想到，岑叔已年届95，平日事情又多，怎好去麻烦他老人家？想到此，我不由打住了。可不知为什么，让岑叔为我的散文集写序言的念头一直萦绕心头，始终挥之不去。十来天后，我怀着忐忑的心情向岑叔开了口，没想到他听后一口应允了，并嘱我立即把拟编入集子的全部文章以及我的个人简历和有关材料发给他看。不久，我收到了他的电邮："收到散文稿，已即读完，印象甚好……"紧接着第二天，他又发来电邮："序言什么时候交卷？请告知。"

我告诉岑叔不用急，没有时间要求，有空再写。话虽是这么说，但我还是盼着他写的序言能早点到来，这时正是2021年的4月中旬，一个月、两个月……整整四个月过去了，四个多月来，我每天都会打开电子邮箱看看，看看有没有岑叔的信息，可每一次打开电子邮箱，里面都是空的。这期间，我不敢给他打电话，因为我知道，即使配备了助听器，他听起电话来还是相当困难，给他打电话，无疑是对他莫大的干扰，他没有给我发电邮，说明他此时正处于"不便"的状态。

8月25日，我终于在电子邮箱里见到了他的函件："我近来健康欠佳，四个月内三进医院，不能不多点休息。"我连忙给他复函，希望他保重身体，写序言的事先放一放，等身体好转再说。岂料他马上复函说："不可等我身体好，我现在还能动笔，再迟反为不妥。"我知道，此时再说其他话已是多余，只能默默地祝他早日康复。8月29日，我打开电子邮箱，发现岑叔写的序言已经到了。

读着岑叔那篇几近两千字的序言，我真是百感交集，我知道，他的这篇序言，是在身体状况极其恶劣的情况下写就的，这可能是他对我这个业余文学爱好者的最后一次搀扶了。有感于此，我立即启动散文集《梅花魂》的出版事宜，2021年底，《梅花魂》出版，书到手后，我立即快递一本给他，他回函对我表示祝贺，并鼓励我继续努力，函中有这么一句："愿你一念执着，坚守一生。"

2022年1月下旬，《水乡漳澎》的样书出来了，出版社的编辑给我邮寄了一本，并说明有些细节还在商量修改之中，正式出书还得等待一段日子。1月26日，我收到岑叔的电邮，他告诉我，《水乡漳澎》已出书，可与出版社编辑室联系取书了。

我明白，他把样书误当成正式书了——可见他对《广府文库》的出版是何等的迫不及待。我没有复函给他纠正，我实在不愿意因为我的纠正而打破他心中的喜悦，就让他一直沉浸在喜悦之中好了。第二天早晨，我又收到了他的一封电邮："祝春节快乐，阖家幸福。"此时，离2月1日春节还有三天。谁能想到，一个月后的2月26日，他竟永远告别了他一生钟爱的出版事业，离我们而去呢？

是的，岑叔走了，但在我的意识中，他并没有走远，他一直还在我的身边，搀扶着我在文学创作的道路上向前方走去。我会永远记住他对我说的话，对文学事业"一念执着，坚守一生"。

2022年7月8日

再也无法兑现的虎年之约
——怀念岑桑

宋晓琪

广州少有地一连冷了 20 多天。2 月 26 日有些暖了，久违的阳光活泼地在窗外的桂花叶上跳跃。岑老，您选择这一天离去，从此我们的虎年之约再无兑现的可能。

心，一揪一揪地疼。

正月十二的上午，您打来电话。在我印象中，您一共也没给过我几个电话，虽然我们认识已经快 30 年了。您在电话中总是叫我"晓琪同志"，别人这么喊，我会觉得时光倒流，一定是生分或初次见面，您不同，您是这些年唯一这么称呼我的，是习惯也是郑重，至少我固执地这么认为（平时聊天岑老是叫我"晓琪"的）。

那天您就在看似随意中非常郑重，您说："晓琪同志，我要去住院……"我的心一紧，正想问是什么原因，您不给我留时间，中气很足地继续说："下星期出院我就马上约你，你得上我家里一趟吧？"

"那当然，可不是一趟哦，我得去很多次，和您聊，采访您。"我的心一松，看来是例行检查、保养几天。

"你到我家是开车还是坐车呀？"

"您放心，我开车，而且很近啊，我不是去过好多次了吗?"

"对，我记得你是开车的。那就好，我不开车，也没去过你那儿……"

我赶紧抢了一句："怎么能让您跑呢，我去很方便的。"我的心一暖，这就是岑老您，总为他人着想。

"好，就这样，我一出院就给你电话。"

放下手机，不知道为什么，我还是有一丝丝担忧，我知道您的心脏做过搭桥手术，又已经 96 岁高龄，但另一个声音说：肯定没事的，您精神旺，走路快，胃口好，说话响，谈兴高，每次我们去饮茶，您都饶有兴味，讲起往事绘声绘色，在我看来，您除了耳朵比较背，其他啥事没有，活 100 岁没问题！我好期待您早些出院，给您写传记的事，断断续续说了好几年，这回总算是敲定了。

10 天后，也就是 2 月 22 日，我还没有接到岑老出院的电话，心里开始不安，微信询问陈俊年，陈局说，岑老好多了，你直接给他电话吧！

电话打过去，岑老接了，声音有些虚弱，耳朵更不好使了，我只得报上姓名后，赶紧说："您好好休息，等您出院，我就去您家。"这回您听清楚了，连说了两声："好的，谢谢，谢谢。"我的不安加剧了，但还是相信，没有太大的问题，顶多再住几天医院，恢复的时间长一点，采访的日期推迟些，到时候可以先看岑老准备的文字资料。无论如何我想不到，这竟是我最后一次和岑老通话。怎么就没有在春节期间先去看望一下他老人家呢，只担心过节去影响他们一大家子的团聚，结果错过了不会再有的见面机会，如今真是追悔莫及，痛在心底。

大约是 2016 年吧，我们几个文友一起看望岑老，不记得是谁提起岑老应该写个传，岑老没有马上答话，若有所思的样子。他的老部下孙吴远指着我说："叫宋晓琪写呗，她肯定行。"岑老似乎一点不意外，笑眯眯看看我，我赶紧表态："您同意的话，我没有意见。"

岑老点点头："好，有机会的。"

后来见到岑老，我不问，他也未提。直到 2019 年，我们和岑老、田姨（岑老夫人）饮茶，岑老对我说："我的老家顺德想写我的传记，等定下了我就推荐你去写。"

"好的，到时候您通知我。"

往下便是疫情来袭，我不敢去岑老的家看望，也不好贸贸然问传记的事，总想着云开雾散，疫情很快过去，要做什么不行啊！但这回疫情跟人类杠上了，一波未平一波又起，反反复复，警钟长鸣。去岑老家的时间一推再推。

转眼就到了 2022 年的元月底，广东省新闻出版局原局长陈俊年给我发来几张照片，是他们几个老同事头天去看望岑老拍下的，接着陈局长又与我通话，告诉我和岑老谈起写传记的事，提到了我等着老人家给消息。岑老表示：如果晓琪同志愿意，我们就找个时间聊聊。陈局还转达了岑老的话："宋晓琪的文字很好，传记可以由她来写。"

我听了心里涌起暖流。立即想起 1994 年第一次去岑老家时的情景。当时我的第二本散文集即将出版，有位朋友知道后怂恿我找岑桑写序，我确实有点受惊吓。直到朋友再三说岑老平易近人，提携文学后辈，不妨一试，我才拎着书稿，惴惴不安地去见岑老。结果竟然受到不少鼓励，拥有了那篇题为《一副真诚而亲切的笔墨》的序言……

往事历历在目，除夕那天我与您短信联系，大年初一我们又通了话，您因为听力不大好，嘱咐我把邮箱发您，更方便交流。您收到邮箱地址后几乎是立刻发出邮件：

晓琪同志：

　　早安！我有没有弄错你的邮箱？请复，我会随即……给你去信。

岑桑 2 月 1 日晨

我平时很少查邮箱，您一连发了三次我都没有复，您有些着急，叫您的孙女给我电话，让我查收。待我确认之后，您又发一邮件：

晓琪同志：

很高兴与你联系上了。知你还有兴趣给我写传。我想让我们先见面谈谈，我把可以用于参考的文字材料给你过目。你阅后如认为可以，下了决心，那便动手吧！好吗？

岑桑 2 月 1 日

当天下午，我怀着敬意给岑老回复：

岑老：

新年好！

能够给您写传，我是很高兴的，也非常感谢您的信任。等节后我去您家，我们见面谈一谈，然后再看您的文字材料。同时也要多去您那儿跟您聊聊，我觉得面对面的交谈，能够让我更多地了解您，学习您，把握您，同时我还想去您的故乡看看，也去您工作的广东人民出版社看看，跟您的同事、下属、晚学后辈等聊聊，还要和您的儿孙辈聊聊，尽量跟上您的思考、您的高度，尽量写出一个真实、生动的您。

去年我出版了一本长篇纪实传记，写了一位 90 高龄的医生，中国乙肝防治的泰斗。写作的过程也是我学习和提高的机会。您是作家和出版家的典范，和你们这样的人在一起，是对我心灵的净化，也是我前行的动力。

最近我正在赶写一本书，估计 4 月底前完稿。从 5 月开始，我会有比较多的时间投入对您的采访。您觉得这样可以吗？

宋晓琪上

虎年春节大年初一

第二天一早，您的回复是：

晓琪同志：

早上好！

你的回信带给我一个十分愉快的早晨。谢谢！尤其感谢你对我的褒奖，真是受之有愧。

很乐意陪你到敝乡走走，很近，不用一个钟头的车程。可以看看我的"书屋"，跟我的乡亲、我的儿孙辈聊聊。节后随时恭候。

祝健好！

岑桑 2 月 2 日晨

几天来，我不敢回看岑老发给我的邮件，此刻鼓起勇气打开，顷刻泪目……岑老啊，您从来是说话算数的，可这次您食言了。您说"节后随时恭候"，可我去哪儿找您啊！岑老，您知道吗？整个春节期间，我一直在憧憬和您交谈、向您请益的愉悦，一直在向往认真读您、倾情写您的升华……

很长一段时间里，我不敢随便打扰岑老，又忙于日常工作，

121

很少向老人家求教。直到疫情前七八年，才开始每年去岑老家一两次，先在家聊天，然后去一家岑老常去的酒家饮茶，什么都聊，无所顾忌，当面受教，感悟良多。在我的心里，岑老是我的恩师，他的人品、文品，始终是我的榜样。

交往淡如水，师恩重如山。岑老啊，天上人间，我和您的虎年之约永无兑现的机会了，可我对您的承诺不该食言啊。您说是吗？

我文学路上的老师

筱　敏

　　认识岑桑老师是在 1980 年代初期。那是一个"思想解放"的年代，几乎也可以说是一个文学的年代。许多长期被禁的中外文学作品解禁了，如同沙漠中下了一场大雨，极度焦渴的生物都在拼命吸水，并纷纷试着张开自己的叶芽，整一个时代的青年，似乎一下都成为文学青年了。岑桑老师是走在前面的开掘者，他与几位前辈创办了《花城》杂志，犹如掘出一眼泉，泉边很快生成绿洲，沙漠中的绿洲。

　　岑桑老师是名作家，他生于书香之家，在民国时期受过完整的高等教育，而我们这些文学青年，不幸连中小学都没能念完，整整十年没有书读，也不可能有像样的自我教育。从文化素养来说，岑桑老师当然是我们的老师，比我们更具备写出大作品的条件。他在十年里备受压制禁锢，失去了写作的权利，各种非常且特异的生活体验积蓄得太多，创作激情被压抑得太久，熬到这个有所松动的时期，他本应该奋力投入自己的创作，写出自己的大作品。然而他仅把很少的业余时间分给自己的写作，却把更大的热情和更多的时间给予了我们，许多的文学青年受惠于他，得到了他有力的帮助和扶持。

那时我是个青年工人，因为爱好学着写诗，刚刚发表了几首不成样子的习作。因为稿件被岑桑老师看到，我很幸运地收到他的来信，他在信中热情鼓励我，并提出修改意见。在他漫长的编辑生涯中，不知给多少作者写过信，他将此视为日常工作，但对我来说，这样的信却是至关重要的。初次到出版社去见岑桑老师，他热心询问我的读书和写作，表示要看我所有的作品。我以为他说的是我发表了的作品，但他明白地说，不只是那些，还包括没发表的，没完成的，是所有作品。我很吃惊，一个名作家、名编辑，办公桌上的稿件已经堆积如山，竟然要挤出时间去看一个文学青年的所有作品，而这样的文学青年在当时何止千万。我遵命找出自己的"所有作品"，那些自己都不敢拿去投稿的，用铅笔写在练习本上的，小纸片上的，完全不成形的文字。岑桑老师真的看了，很快看完了，他给予我热情鼓励，指出我的长短。他看出我的怯懦，一再激励我，要有信心，有勇气，有毅力。他说没写完的篇章一定要写下去，不要轻易放弃，不要写废品。他帮我向《诗刊》等报刊推荐作品，对我说，你多写，我来帮你出诗集。岑桑老师的鼓励给我很大的动力，但出诗集这种事我不敢想，我以为这只是一种鼓励的方式而已。然而不久，岑桑老师真的帮我出版了诗集，并且主动为我写了长篇的序。他在给我的信中写道："继续多写吧，要不断练笔，千万不要中断，至死方休。"三年以后，他再次询问我的写作情况，并帮我出版了第二本诗集。我不是一个很有自信的人，如果没有岑桑老师的鞭策，我不知道自己当时是否有足够的坚韧走下去。我非常感激岑桑老师，但出于敬畏，并不敢打扰，甚至连感谢的话也没有对他说过。我从不敢向他提出请求，当时因为年轻，除了简单的学习愿望，也没有考虑怎样改变自己的处境。岑桑老师为我着想比我自己更多，他不但关心我的写作，也关心我的工作和生活，为了给我更好的学习环境，他提出调我去出版社工作，在办理遇阻的时候，他又主动帮我联系省作协。他从未告诉过我这当中他做了多少烦难的工作，直到我调入省作协多年以后，才偶然听同事说到，当时岑桑老师为帮我费了很大的力。我没有对他说过感激的话，无论说什么都难以表达我对他的感激。

岑桑老师忙于写作，忙于出版工作，许多震荡文坛的书籍经由他的手问世，譬如戴厚英的《人啊，人!》，北岛的第一本诗集……为这些他要承担风险，应付随之而来的一场又一场波澜，一个又一个旋涡。在如此的繁忙之中，他关注成名作家的写作，同时也关注更多无名作者。那时候出版社每天都会有大量的无名作者来稿，本来可以交给一般编辑处理，但他尊重和关顾作者，总能体贴到无名作者的期盼之心，总不愿漏过一颗可能发芽的种子，这需要耗费大量的时间和精力，付出更多的心血，成绩却更难为人所见。这些繁琐的工作，对一位编辑来说，需要非常高的职业道德和素养；对一位作家来说，需要非一般的自我牺牲精神。岑桑老师二者兼备，遇到他，是我们这些无名作者的幸运。记得有一次，他问我有没有看过一位名叫薛广明的年青人的诗，我说没有看过。他很有兴致地讲起这位从来稿中发现的作者，他正准备启程前往惠东去看这位作者，并要在那里住上几天，读完他的全部作品。我非常感动。以那时的路况来说，广州到惠东是迢迢旅途，来回一趟颇为颠簸劳顿。岑桑老师年届六十，工作极其繁忙，他不但与这位素不相识的无名作者往复通信，还要专程前去看望，这热忱实在让我感佩不已。在一般人看来，无论从年龄长幼，还是地位尊卑来说，都应该是这位不断投寄稿件的年轻作者来看望老师，而不是相反。但岑桑老师的看法不同于一般人，他对这位年轻人颇有一些倨傲的态度毫不介意，认为这是率真。他欣喜于看到年轻作者的长进与成才，他付出不求回报，也不在意受惠者是否感恩。

由于岑桑老师的帮助，我获得了很好的学习和工作条件，得以弥补自己文化素质的缺陷，写作得以一点一点长进。几十年过去，生活中所经所见磨砺了自己的认知，也筛选了自己的记忆。回头看去，愈发能意识到，在我的文学道路上，岑桑老师是何等的重要，我应当懂得感恩。

如今我也到了退休的年龄，年老的心境不时浮起，对写作也有了一些倦意。但每当见到岑桑老师，我便不由感觉振作。九十高龄的他依然精神矍铄，依然不倦地写作，依然主持浩大的出版工程，雄心勃勃，充满活力。在他面前我是晚辈，是年轻人。他是我永远的老师，有他的榜样，我绝不敢倦怠放弃。

写于 2017 年 12 月 18 日

俯仰无愧天地

夏素玲　谢　尚

　　　　　　只要有船和风，大海，就仍旧是可驰骋的猎场。

　　　　　　　　　　　　　　　　　　——岑桑《鱼脊骨》

　　这是岑桑所写的诗，也是他引以自勉的话。从 20 世纪 50 年代开始，他就一直奋斗在广东的出版战线、文化战线。一念执著，一生坚守，他坚执而顽强地走过了六十多年的编辑历程，成为广东出版界、文化界的一面鲜明旗帜。

　　2022 年 2 月 26 日，广州结束了连日雨水，放晴回暖，万里无云。然而就在这个风平浪静的下午，岑桑与世长辞，告别了他一生"驰骋的猎场"。

一生笔耕不辍

岑桑在漫长的文学生涯中，创作了数百万字的优秀文学作品。散文、随笔、诗歌、小说、童话、报告文学……几乎所有的文学体裁，他都有所涉猎，并且成就不菲。从 20 世纪 40 年代至今，岑桑出版了数十部文学作品，产生了广泛的影响。岑桑写过一系列旨在提升青年思想修养的励志文章，陆续登载于《羊城晚报》的副刊专栏，引起巨大反响。自 1962 年结集为《当你还是一朵花》出版，此后数十年间共再版、重印了十多次，累计印数五六十万册。纵观岑桑的文学生涯，他从 1942 年开始发表作品，笔耕不辍。其中《失败是个未知数》《画杨桃》先后被收入义务教育阶段语文教材，影响了一代又一代的学生。

勇当广东出版拓荒者

改革开放前，除北京、上海外，全国大多数省市只有一家人民出版社。改革开放后，岑桑感到出版界的春天已经到来，增加出版机构是形势发展的必然。1984 年，作为广东人民出版社社长兼总编辑的岑桑，便倡议筹建广东教育出版社，随后又倡议创立新世纪出版社，一路马不停蹄，奔走呼号。这两家出版社的成立，对拓展广东的专业出版发挥了重要作用。

在他的倡议下，广东人民出版社出版了面向青年读者的

《希望》和《中学生之友》两种杂志，每期印行几十万册，深受广大青少年的欢迎，社会效益和经济效益双丰收。特别值得一提的是，为迎接香港回归，让广大群众更好地认识香港，岑桑于 1984 年倡议创办《香港风情》杂志，并亲任主编。《香港风情》出版二十多年，成为内地读者了解香港社会的主渠道之一，初期印行 50 多万册，大受读者欢迎，并在香港文化界引起强烈反响，联结了不少香港文化界人士。《香港风情》被广大读者誉为香港与内地文化交流的桥梁。

1980 年，岑桑出版了当时名不见经传的戴厚英的长篇小说《人啊，人!》。图书道出了当时广大群众特别是知识分子的心声，有积极的社会意义，一经出版就引起了社会的强烈反响。

岑桑作为杰出的出版家，享受国务院政府特殊津贴；先后获得全国首届出版"伯乐奖"、出版行业最高奖项"韬奋奖"。

坚守《岭南文库》三十年

《岭南文库》，是岑桑近七十年出版生涯的力作。本可享受怡然安逸的退休生活的岑桑，却有着更宏大的设想和心愿——要为岭南的历史文化，为广东的学术著作的出版，干一番大事业，开拓一片新天地。于是他力排众议，招兵买马，筹集资金，在 1991 年创办了全国第一套大型地域性学术文化丛书——《岭南文库》。

在岑桑的带领下，《岭南文库》从 1992 年陆续出版，1993

年被纳入国家"八五"重点图书出版规划，1997 年荣获我国图书出版的最高奖项——"国家图书奖"。之后又获得第四届广东省图书一等奖、广东省宣传文化精品奖、全国优秀古籍图书一等奖等三十多个奖项。至今，《岭南文库》已走过三十年，出书近两百种。

2004 年，岑桑又策划推出了一套篇幅较小而涵盖较广泛的岭南题材的通俗性读物——《岭南文化知识书系》。这套丛书是《岭南文库》的副产品，定位于青少年和普通读者，受众更广。为了给丛书确定撰写体例，给作者以写作示范，岑桑执笔写了《清初岭南三大家》《丘逢甲》《陈恭尹》三本人物传记。

2020 年 7 月，94 岁高龄的岑桑再挑重担，筹建《广府文库》并担任主编，继续为岭南文化开拓新的疆域，助力湾区文化建设。

奖掖后进，奉献乡梓

岑桑栽桃育李，滋兰树蕙，为广东出版界培育了一代又一代人才。

广东省新闻出版局原局长陈俊年曾在岑桑的领导下从事文艺编辑工作，他记忆中的岑老是这样的：

> 便是在这样亲热的气氛中，岑桑接待过数不尽的作者，
> 和他们谈长篇，谈短篇，或散文，或诗歌，从思想到艺术，

从结构到细节，从题目到标点……他总是微笑地凝神谛听着你的高论，你的高见，或点头，或摇头，但眼睛总是笑眯眯地注视着你。然后，他谈他的分析，他的建议，他的期望。炯炯的眼神中闪烁着对你的尊重和信赖。自始至终，你会觉得你面对的不仅是一位知识渊博、经验丰富的文学编辑家，而且是一位推心置腹、肝胆相照的人生老友记。

广东省出版业协会党委书记、副会长兼秘书长曾宪志曾经在《岭南文库》编辑部当主任。他这样回忆与岑桑的共事经历：

在我们这些晚辈面前，老岑又是一位慈祥的兄长、父亲。他会为我们这些晚辈生活当中遇到的困难着急，家属的工作调动、小孩的入学，甚至年轻人的婚恋，只要他知道了都会为之操心，让我们晚辈感受到老父亲般的关爱。此为《岭南文库》成为一个团结战斗的集体的无形凝聚力。

《岭南文库》执行副主编陈海烈与岑桑共事多年，过从甚密，道出了许多鲜为人知的感人故事：

岑老出生于广东省佛山市顺德区乐从镇葛岸村。该村美丽富饶，人杰地灵。他对生于斯长于斯的这块热土非常眷恋和热爱，时刻关心家乡的发展和变化，总想为家乡奉献点什么，以报答家乡对自己的培养。2008 年，岑老经过慎重考虑，征求了全家人的意见，决定把佛山市顺德区乐从镇葛岸村北华街的清代祖居无偿捐给家乡创办"岑桑书屋"。

沈展云曾是《岭南文库》编辑部的主任，在编辑部见证了岑桑的敬业精神：

> 一个年逾九旬的老人，从事出版工作六十多年，借用德国思想家韦伯的话，出版于他作为一种神圣的志业，为社会奉献优质精神食粮的情怀，矢志不渝。他退而不休，平时在家也闲不住，就审阅《岭南文库》和《岭南文化知识书系》的稿件；无论风吹雨打，还是夏暑冬寒，他每个星期都会去出版社上半天班，从退休至今几十年不变。每个星期一的早上，岑桑先生基本上都是回办公室上班的。有时候下雨，他比年轻编辑还要早到办公室——"岑老，今天下雨还回来？"他则答曰"要回来的！"

《岭南文库》编辑部主任夏素玲，受岑桑沾溉甚多，受岑桑的言传身教感触尤深：

> 岑总给人的印象总是高效、强干，每逢星期一，他必然会问，有什么稿给我看，而我们编辑部一起做稿的速度

133

都远不及他一人审稿的速度，但是这种高效、强干，一点也不影响他的严谨和细致。还记得当时为了编辑一部书稿，我特地到中山图书馆把专著书籍里的几个版本通校了一遍，结果发现有不少出入。岑总一直很关心我这个新人的成长，那天，他把我编辑过的稿件拿来看，然后一一比对各个版本的优劣，并逐条指导我哪一条应该跟从哪个版本，仿佛庖丁解牛，原来盘根错节的问题都迎刃而解了。

岑桑在他的诗歌《青春》里这样写道："青春是生命的沸腾现象，一旦降温便不复存在。"岑桑以沸腾的青春，度过了不平凡的一生。他的全部著作和精神财富，都值得后人敬佩感戴，永志不忘。

写给文学的情诗

夏素玲　易建鹏

　　　　我的一生，与文学密不可分。文学使我备尝甘苦，不
　　知给了我多少欣悦，也不知给了我几许折磨。文学哺育了
　　我，滋润了我，栽培了我，启迪了我，甚至还塑造了我。
　　我深信自己的心性、情怀以至整个精神世界，在很大程度
　　上都是由文学参与塑造的。

　　　　　　　　　　　　　　　　　　　——《岑桑文存》

　　岑桑曾笑说自己一生有两个业务：主业搞出版，做编辑；
副业写文章，抒情怀。岑桑"主业"的辉煌有目共睹，"副业"
也是硕果累累。

以文学为志业

岑桑的文学活动最早可以追溯到 20 世纪 40 年代初。其时因日军入侵，广州沦陷，岑桑辗转来到韶关志锐中学读书。

> 我成为一名中学生了！……在那些难忘的日子里，我读了不少古今中外的文学名著。好些优秀的文学作品教育了我，熏陶了我；作家们在作品里所塑造的人物，以他们高洁的心性深刻地影响了我。我真喜欢，也真感念自己少年时代那段曙色一般美丽的时光。我想，我一定是在那时候偷偷地、羞羞答答地而又情不自禁地爱上了文学的。
>
> ——《海韵》

1942 年，岑桑结合时局，发表处女作《停膳》。初三时，岑桑写了一首歌词，填入一首外国名曲让全班试唱，即《更夫曲》。林岗称："如果我们喜欢《更夫曲》的昂扬、纯净和清澈，那也是'五四'新文学、新思潮的价值追求在国难当头的时刻塑造起来的昂扬、纯净和清澈。"岑桑的新诗，大都禀赋着强烈的时代特色，究其始，便是从《更夫曲》发轫。

大学期间，岑桑成为《建国日报》文艺副刊《国风》的重要撰稿人，累计发表文学作品八十余篇。

以文学为业，并为之坚守一生，是我1945年上了大学之后才下定的决心。那时抗日战争刚结束，反动政权倒行逆施，民怨沸腾，社会动荡，我常以所见所闻的光怪陆离的人和事为题材，发点议论，写成文章，在广州当时颇受知识界欢迎的《建国日报》副刊《国风》版发表。几年间刊出近百篇。此时我对文学创作已乐此不疲，一发而不可收了。

——《岑桑文存》

参加工作后不久，朝鲜战争爆发，岑桑又撰写了大量与时局同步的杂文、随笔和诗歌，抨击美帝的凶残和虚伪，歌颂志愿军的正义和英勇，分别在香港《大公报》和广州各报刊发表，见报频率很高。后来，他把这一期间发表的六十余篇文章编成集子，那就是岑桑公开面世的第一本散文集——《廿世纪的野蛮人》。

大约因为青少年时期在抗战中辗转过来，所以岑桑的文字里总是有深厚的家国情怀。

文坛盛开了"一朵花"

20世纪五六十年代，岑桑几乎把所有的工余时间和节假日全都用在读书和写作上，文学创作几乎成为他每日的功课。1956年，岑桑被广东省作家协会（时称中国作家协会广州分会）

吸收为会员。他写的传记文学《永远的孩子》和《徐霞客游山水》，先后在香港中华书局出版。

1958 年，岑桑奉调广州文化出版社，后出版了几本书。其中值得一提的是，长篇报告文学《向秀丽》成为始料不及的畅销书，多次重印，总印数以百万计，广州文化出版社陷入困境的经济状况因而奇迹般地扭转过来。

20 世纪五六十年代之交是我国经济遭遇困难、物资匮乏之时，年青一代出现了困惑、焦虑、迷茫而不思振作的现象，《羊城晚报》为此特辟专栏来疏导青年群众。岑桑在专栏里的文章很受读者欢迎，遂把几十篇短文编辑成《当你还是一朵花》，署名"谷夫"，于 1962 年秋在广东人民出版社出版。

图书出版后，初版很快售罄。不数月间，再版两次；此后还陆续再版、重印共十二次。印数只说明了影响之大，时人才能道出感人之深。陈俊年回忆说："读初中的时候，虽然很穷，但我还是凑够零钱，特意买来一本心爱的笔记簿，把整整一册《当你还是一朵花》抄了下来。"除了受到青少年学生的欢迎，这本书也受到青年教师的支持，章以武就是其中之一，他回忆说："在 1963 年的时候，我大学毕业不久，在二中做语文教师，那时的学生课外读物我特别推荐了这本书。"

为《当你还是一朵花》写序的是散文大家秦牧，他在序里写道："我把这本书的每一篇都读了，觉得它娓娓道来，真挚诚恳，'谈言微中'，饶有意义。……像这一类语言，应该说，是具有相当的思想、艺术力量的。正由于有好些警句隽语，闪烁于许多篇章之间，读起来它也就颇能引人入胜了。"

毕生的探索与追寻

1980—2021 年，岑桑出版个人专集 30 多部，体裁涵盖诗歌、散文、随笔、杂文、小说、报告文学、儿童文学、人物传记、文学评论等等，文学创作呈井喷之势，是硕果累累的丰收时期。儿童文学集《野孩子阿亭》获文化部颁"新时期优秀儿童文学作品奖"；《岑桑作品选》获首届"冰心儿童图书奖"；文学评论集《美的追寻》，获"广东鲁迅文艺奖"；散文《填方格》等多篇作品入选《中国新文艺大系》并被编入多种选本；短篇小说《如果雨下个不停》在《当代》发表后被《小说选刊》所刊载；散文《失败是个未知数》《画杨桃》分别入选全国中、小学语文课本。

岑桑的语言富有诗意美，极具个人色彩。戴厚英称："他善于用最形象、最生动的词汇写景状物，用最准确、最鲜明的文字抒发感情。他善于把抽象的哲理、思想化成具体生动的形象，又把山山水水变成有情有性的活物。他讲究语言的声调、色彩和节奏，讲究句式的排列和变化。"陈剑晖认为："岑桑散文的语言，同样鲜明地体现出自己的情调和色彩。诚如有的同志指出，他的语言讲究形象、色彩、声音，讲究句式的排列和变化。但在这里我们还想补充一点：除了上述特点外，他的语言还具有一种诙谐幽默的情趣美。"

岑桑的文章充满"真""善""美",戴厚英道出了个中因由:"熟悉岑桑的人都知道,岑桑感情真挚,对生活中的各类事情,他都细心地观察、体验,而且动心动情。他关心人的命运,思索人的价值,热爱人世间和自然界的一切美好的东西。"

岑桑的文学作品还极具现实主义精神。他的小说都可以在生活中找到原型,散文也多为忆述性文字,充满真情实感,关注人的命运,深入发掘了历史和现实生活的真实。正如林贤治所说:"他不限于关注社会一角,而是高屋建瓴,大处着眼,善于发现社会事件和日常见闻的相关性因素,从而把握全盘,深入根本。"

> 每结一集问世,我都将之视作甚至称作自己文学生涯的句号,打算到此为止,从此与文学分手,而每一次都是我回过头去表示自己的愧疚的。这一次,我不再与之言别了,因为我终于知道自己与它缘分之深,哪怕再经几番风雨,到头来还是难舍难分的。
>
> ——《岑桑文存》

岑桑对文学一往情深,毕生都在探索追寻。遗憾的是,他在后期并没有全力以赴,而是选择了倾力于编辑出版工作,致使文学成为"余事"。不过,也许岑桑本人未必如此斤斤计较于文学的得失,而是更着眼于个人对社会的全部奉献,这何尝不是一种超越文学的思想境界,一种更高的思想境界。

岑桑为我的新书作序

鲁大铮

我的新书《记者生涯——鲁大铮文集》于今年 2 月 24 日由广东人民出版社出版了，为此书作序的岑桑老师却于 26 日走了。

我相信，他是看到了这本书的，一定是。

2019 年的那个春天，我接到了岑桑老师的电话："鲁大铮同志啊，书的序写好了，有空过来拿吧……"

岑桑老师的话音永远充满了热情和真诚。

2018 年年底，大病初愈的我开始着手把几十年来在报纸杂志刊登和在电视台播出的优秀作品编辑成书——《记者生涯》，同时脑子里闪出一个念头：能不能请著名散文家岑桑老师作个序呢？我打通了岑桑老师的儿子岑之邦的电话，之邦说："爸爸身体欠佳，除原来心脏做过支架及搭桥手术外，最近还做了眼睛白内障手术。不过你可以试试，看他答不答应。"之邦最后还提醒我："你可要抓紧哦！"

我与岑桑老师不算太熟，在 2004 年采写《广东文化名人》时采访过他，又和吴有恒的女儿时任《源流》杂志副主编吴幼坚探望过他，后来在写马思聪、黄君璧传记时又与作为《岭南文库》执行主编的他有过交集。未料，当我拨通了岑桑老师的电话并说了我的诉求时，岑桑老师只是说了一句话："不急吧？"我知道，他同意了。

我备好了《记者生涯》书稿中的 5 篇文章给了之邦，请他转交岑桑老师作为参考，也就是两个月的时间吧，便传来了岑桑老师的热情召唤。

当我和太太在好友广东人民出版社中山分社总编李锐锋、出版印刷界大家严建伟的陪同下叩开岑桑老师的家门时，只见岑桑老师端坐在电脑台前忙活着，打字机里出来的正是给我新书作的序。

两张纸的序出来了："简朴现大美 淡素蕴真醇——读鲁大铮《记者生涯》"。欣喜之余也有点奇怪，为什么从电脑打字机里打印出来的文字会歪歪斜斜的，每一行的字数也不一？即便你是电脑专家，恐怕你也做不到，但，岑桑老师就能。

李锐锋、严建伟忙不迭地说："快请岑桑老师签名落款，这可是出生纸呀！"

岑桑老师笑吟吟地拿起笔在序的后面，一笔一画地写上："岑桑 2019 年 3 月 8 日 于南海黄岐"。

我们争相地看着、读着岑桑老师写的序：

记者忆述记者生涯，用的自然是记者习用的文字。

……这一类干瘪瘪的文字读之犹如嚼蜡，有人将这一类文字戏称为"记者腔"。

读大铮的《记者生涯》后，便觉所谓"记者腔"之蔑称可以休矣。

大铮的文字朴实清纯，没有矫揉，不见造作，这在《记者生涯》中随处可让读者有此感受。

《我妈我爸》也许可以说是其中最有代表性的一篇吧。在这篇文章里，作者通过许多细节描写，生动地呈现了双亲朴实敦厚、慈祥可亲的形象和性格特点，他们相濡以沫，生养了一窝孩子，营造了一个生动、有趣、幸福的家庭。

"没有文化的我妈，却出口成章，一套一套的。"大铮借用他爸夸自己老伴时常说的话来描述母亲出色的口才，"什么事儿一到你妈嘴里都能变出红花带绿叶来。"大铮在老爸赞老妈时添油加醋："许多在书本上也难见到的谚语、歇后语，我妈愣是能说出好几打。"他并没有一一列举那"好几打"的"名句"，只是每当他妈妈那"好几打"脱口而出时，他爸总是忙着催促他"快记上，快记上，赶明儿又忘了"。

大铮写道："每每这时，我爸就给我递来纸笔，好像要抢救'国宝'似的。"

大铮说他母亲嗓音清亮，唱歌很入境动情，她唱歌常常催人泪下，还说他妈自己也是时常一边唱着歌一边抹着泪。大铮这样描述自己和姐妹们怎样被妈妈内蕴深情的歌声和所说的故事感动——

"从小，从她说的故事里，从她唱的歌谣里，我们一家六个孩子都有了相同的爱好：爱说话，爱唱歌，还爱哭。

"有时，谁家有了什么伤心事到我家来哭诉，你就瞧吧，我妈陪着哭，我姐陪着哭。我呢，兴许是小，反正妈妈、姐姐都哭了，那我也是该哭的了。"

啊，全家老少都在为别人家的伤心事儿一起伤心落泪，多么感人的场景！多么善良的一家子！

其精彩之处不仅是人家到来哭诉伤心事时一家子都陪着别人一起哭，更在于不知别人家伤心事底里的大铮自己，也一个劲儿地跟着哭。

小小大铮是不需要了解别人家的伤心事的底里才哭的，甚至根本不需要知道为什么要哭，"反正妈妈、姐姐都哭了，那我也是该哭的了"。小小孩儿那种可谓"原生态"的典型思维程式，被大铮率直地展现出来。读者会觉得小小大铮此时之想和此时之哭，都是真实可信的，完全可以理解的。我想，若然把此时的小小大铮换成了小小的我，那小小的我也势必会做如是想和做如是哭的。大铮那寥寥几笔简朴淡素的白描，写得生动极了！真切极了！小小孩儿此时此际的心态无疑就是这样的。还有什么比这两句质朴至极的话语更能准确表述那个跟着妈妈姐姐一起落泪的孩子当时的心态呢？

岑桑老师点评说："大铮善于捕捉生动的细节，以简朴淡素的笔墨和白描的手法来表现人物的行为和内心世界，……写刘斯奋的《圆梦》也是相当突出的一例。"

> 对于几个圈子都属于"边缘人物"的进行非职业化创作的刘斯奋，在经历了令人啼笑皆非的尴尬与无奈后，便大彻大悟了：他视自己这种似鸟非鸟，似兽非兽的不是小说家的小说家，不是学者的学者，不是画家的画家为"快活的蝙蝠"，这样，既可在这些领域里自由驰骋翱翔，而又不属于其中任何一个职业圈子，甚至可以不太在乎圈内的游戏规则，令他进退自如，去留无意，无拘无束，潇洒快活。他甚至将"蝠堂"做了自己的别号。

接着，岑桑老师笔锋一转："既是记者又是作家的大铮是不是也可以借《蝙蝠论》来调侃一下自己的'生存状态'呢？当然可以！因为仅仅《记者生涯》一书，即足以表明作者兼具了作为记者应有的敏锐和灵活，以及作为作家不可少的才气和激情。"

岑桑老师短短的千字文，构思巧妙，幽默风趣，充满童真，他永远活在花季。

言谈之中，当岑桑老师知道我还不是作家协会会员时，他热情地说："我推荐你加入广东省作家协会。"

我窥见到了岑桑老师慰藉我的良苦用心，对发现、培养、扶植新人的不遗余力，也真实地感受到了一位德高望重的中国著名作家、广东省作家协会前辈对我几十年来在文学创作园地辛勤耕耘的认可和勉励。

岑桑，中国文学界、出版界的现代伯乐，名副其实。

如今，岑桑老师仙逝了，他的音容笑貌仍在我眼前、在我心中、在我身旁。在业余文学创作的作者中，我是幸运的：我是岑桑老师亲自推荐加入广东省作家协会的；我的这本由岑桑老师作序的《记者生涯——鲁大铮文集》的新书，也许是岑桑老师为作者个人出书写的最后一个序。

2022 年 3 月 8 日于广州

与岑桑老师的通信"诗缘"

薛广明

2 月 22 日，在朋友圈得知岑桑老师在省中医院住院，心里甚是挂念，马上想前往探望。我的老友——增城区作协主席巫国明先打听了，说因疫情防控，医院不允许探病。

才过了几天，2 月 26 日就惊悉岑桑老师永远离开了！岑岑文心，桑荫恨短！正如巫国明所写的悼念文字："回首以往，二十出头就与岑桑老师结下文缘，一路走来，得到老师的耳提面命，诲如春风，如今噩耗袭来，禁不住泪眼婆娑……"

回想上世纪 80 年代中期，那是一个风起云涌的诗歌的年代，我刚从学校毕业出来参加工作不久。缘于对文学的热爱，加上青春的激情一发不可收拾，那段时间我写了大量的诗歌，到处投稿，但能发表的却寥寥无几。一次，我在某刊物上读到岑桑老师关心、关爱、扶持文学青年的报道，于是便试探着给岑桑老师写了一封信，并附了几首自认为"很不错"的诗歌。

我在信中请岑桑老师对我的诗歌给予指点的同时，还对当时文学青年很难发表作品的现状发了一通"牢骚"。没想到，几天后我就收到岑桑老师的回信，他首先肯定了我的诗作，认为诗风清新、淡雅，鼓励我多读诗、多思考，才能写出无愧于这个时代的作品，同时不客气地批评了我急于求成的浮躁的心态。自此，我和岑桑老师有了"诗缘"……几乎是不间断的，我每隔几天就给岑桑老师写信并附上我的新作，希望在报刊上发表。岑桑老师几乎是每信必回（我粗略统计了一下，岑桑老师的回信有三十多封），在对我的诗作指出不足的同时，更多的是给我鼓励、指导和点拨，使我的诗歌创作能够"源于生活而高于生活"。

功夫不负有心人，1987年4月28日的《南方日报》终于发表了我的一组诗作，在广东诗坛引起较大的反响，给了我极大的鼓励。接着，我的另外一组诗也在《广州日报》发表，一时间我有了"飘飘然"的感觉。岑桑老师觉察到我的变化，及时给我泼了一盆"冷水"，在几封回信中都告诫我一定要脚踏实地做人，"要甘于做一个寂寞的园丁"……我一直记忆犹新，难忘恩师教诲！

大约是在1987年的夏天，我和增城的巫国明专程前往广州东山口岑桑老师的家中拜访。这是我们两个毛头小伙子第一次见到岑桑老师，他热情接待了我们，我感觉他就像家人一样和蔼可亲。岑桑老师一一询问了我们的工作和生活情况，并希望我们坚守真善美，在诗歌探索的道路上取得更大的成绩。

后来，岑桑老师把与我通信交往的经过写了一篇题为《诗缘》的文章发表在 1988 年第二期的《作品》杂志上，一时在文坛上传为佳话。因岑桑老师的推荐，1989 年我荣幸加入了广东省作家协会，成为当时梅州市最年轻（时 26 岁）的省作协会员。

昨晚，我又翻出《作品》杂志上的那篇《诗缘》，重读岑桑老师当时对我的诗作的评价：小薛的其中一部分诗作"确实闪耀着珍珠的亮色（尽管它们还未能真正形成珍珠），想象是诗的想象，意境是诗的意境，语言是诗的语言。它们是涓涓溪流，是青青小草；是流畅的风，是飘逸的云；是不事矫饰的心声，是朴实无华的牧歌……""他的好些感怀之作是充满哲理意味的，在忧伤和压抑之感中每每露出一线希冀的曙色……他的诗，平白而又含蓄，每一首诗都浅近易懂，但从中却可以咀嚼出橄榄滋味……""他一直在坚持着这样的一种诗风，走一条与故弄玄虚、佶屈聱牙截然相反的路子，我以为这正是诗歌终能走进千家万户的阳光大道。"岑桑老师的这些中肯的评语，至今使我受益匪浅。

岑桑老师也在文章中毫不客气地指出我的弱点："在你的诗篇里，不要有太多的呻吟和吁叹，不要有太多的官能渴待和儿女私情……""从你的诗中我看到你的才气；从你的信中我看到你的弱点；从你近两年来的进步中看到你来日的两种可能：自负和自满将使你归于夭折，自爱和自励将使你最终成才。"

上世纪 90 年代中期，随着改革开放的到来，传统的诗歌和诗歌理论不可避免地受到冲击与冷落。我和梅州射门诗社的几位同仁都陆续调到广州工作，在广州重新组织、编辑出版了新的《射门诗报》（广州版），得到广大诗友的大力支持和积极拥护。这期间，记得我和《射门诗报》编委会的成员曾两次拜访岑桑老师，他对射门诗人善于从日常生活中发现诗意之美、从"矿难"等新闻事件中激起的愤怒情绪、游子对客家山水的吟唱及梦回故乡的感伤和激奋等方面给予了高度评价，认为这是广东诗坛竖起的一面崭新的旗帜。有一次，因出版射门诗社的第四本诗集《十年射门》，我们还请岑桑老师题写了书名，古朴、坚毅的"十年射门"四个字，犹如四条擎天的石柱，瞬间为诗集增添了诗歌力量的光彩，得到众多诗友的好评和赞扬。

斯人已逝，风范长存。"只要有船和风，我还是要出海的。"——岑桑老师常常引用的这句经典名言，就像永不熄灭的火焰，将激励我们在追求文学的道路上继续前行。

写于 2022 年 3 月 4 日

我与岑桑老师的短暂缘分

唐瑶曦

　　我与岑桑老师，有一段短暂的缘分。2 月 26 日傍晚，从朋友圈得知，岑老师离世了。一瞬间，心被猛然一击，眼角湿润了。三年多来，每逢放寒暑假之前，总提醒自己，抽空该去看望岑老师。这样的字迹，躺在记事本里，如今成了无尽的遗憾、伤怀，也成了一种永远无法弥补的愧怍。

　　2018 年 4 月，博士即将毕业，我开始找工作。凭博士文凭，想在广州寻个稳当的立脚处，并非易事。我导师左鹏军教授得知广东人民出版社《岭南文库》正缺人，郑重写了封推荐信，让我带去出版社，参加面试。

　　两周后的星期一，我第一次见到岑桑老师。听夏主任介绍，那位满头白发、面带微笑的老先生，就是《岭南文库》的执行主编岑总。当时岑老师已九十二高龄，看起来精神矍铄，和蔼可亲，说起话来，眼角带着神采，时不时爽朗笑着。岑老师说，我的答卷，是他亲自批改的，答得很好，给了我高分。一听老先生的肯定，我原本紧张的心，顷刻松了下来。当天下午，我与夏主任等人一道前往岑老师在南海的家。岑老师拿出一本自选集，认真签名，送给了我。我回赠给岑老师一本预答辩的博士毕业论文。

就这样，我开始了在《岭南文库》编辑部的工作，接手编辑陈永正先生《陈献章诗编年笺校》一书。岑老师的办公桌，是张临窗的大书桌，他背靠窗坐着。每个星期一，他都会准时来到办公室。工作时的岑老师，总是聚精会神，一丝不苟，时而校稿，时而批复文件。有时，遇上文稿字太小，他左手拿放大镜，右手握笔，腰伸得直直的，拉长脖子往后靠，看得有些吃力。我的办公桌，在办公室右侧靠墙处，眼睛往左一瞥，就能见着他。每当遇到不懂的地方，我总时不时往岑老师那边看一看，瞅见他紧张之余休息片刻时，就凑过去向他请教。他总是不厌其烦，谆谆教诲。

2018 年 7 月，我正式博士毕业了，继续在《岭南文库》工作。那时的广东人民出版社，在大沙头，楼下有家四阅书店。有段时间，我让孩子芝荷在四阅书店看书。又逢星期一，岑老师准时来办公室工作。我藏了个小心思，想让芝荷见见岑老师，向他请教如何写作文。芝荷的语文课本里，有一篇《画杨桃》，作者就是岑老师。芝荷带上作文本，站在岑老师身边，朗诵自己写的作文。岑老师微微侧着耳朵，用心听着。芝荷作文里，有一句这样写："妈妈生气起来，像一头发怒的狮子。"岑老师耐心听完，拿起芝荷的作文本，一字一句指着，点评道："你作文写得很不错，描写很细腻。不过，这句话写妈妈，像一头发怒的狮子，你再仔细想一想，这个比喻好不好？我觉得，这个比喻不太好。妈妈对孩子，内心都是温柔的，不能用发怒的狮子比喻。"站在一旁的我，有些脸红，我有时控制不住情绪，对孩子就像一头发怒的狮子。岑老师的话，让我感到惭愧。

《岭南文库》编辑部办公室，对于我来说，是喧嚣大都市里的一块净土，我在那里安静地工作着。每个星期一，我都是怀着敬仰和期待，等待岑老师的归来，等着向他请教。偶尔岑老师与同事随意聊些什么，我都侧耳倾听，觉得总有收获，岑老师的一言一行里，仿佛都藏着宝藏。

后来，我向韩山师范学院投了份简历。一开始，只想试试，能否凭借博士文凭，靠自己谋得一份有编制的教职。很快，得到了回应。

永远忘不了，2018 年 8 月末的那天，我与岑老师辞别的情景。现在想来，依然令我无比心酸。经过万般犹豫、纠结，我终于决定，要离开《岭南文库》编辑部，要与岑老师当面辞别。我带上际齐、芝荷一起，在岑老师家附近的茶餐厅，请岑老师、师母一起吃早茶。岑老师那天很高兴，他绝对想不到，我是带着一家人来向他道歉和告别的。吃早茶时，际齐就劝我，不要拖拖拉拉，让老先生受累太久，应该干脆些，告诉岑老师这个决定。可是，看着岑老师那张慈祥的笑脸，那副高兴的样子，我的话，始终梗在喉咙里，说不出口。就这样，压抑着内心复杂难言的情绪，陪着岑老师、师母吃完早茶，我提着给岑老师准备的礼物，再次走进了岑老师家的客厅。

与上一次在岑老师家客厅感受到的如沐春风相比，这一次，我感到如坐针毡。我真想反悔啊，可是好像已经没法回头了，我已答复韩山师范学院，赶在 8 月末去报到。我忘了自己如何勉强、扭捏地说出了辞别的话。只记得岑老师原本和蔼、慈祥的笑脸，突然变得如冰霜般凝重。可岑老师竭尽全力克制着，对我说："韩山师范学院是个好学校，当年高考，第一志愿，我填的中山大学，第二志愿，填的就是这所学校。如果你一心想教书，我还是愿意理解你、尊重你的决定。如果你真的想好了，我愿意支持你去，希望你在那里好好工作。"听到岑老师这样说，我很想哭，但我咬咬牙，只红了眼眶，把泪忍了回去。

岑老师显得身心疲惫，在师母的搀扶下，他支撑着突然显得佝偻的身体，送我到门口。就这样，我向岑老师道别。当时我并没有料想到，那将会是自己与岑老师的最后一别。

从岑老师家回广州的家，大约三十多公里。在狭小密闭的车里，我无法抑止，一路上号啕大哭。我知道，自私的我，辜负了岑老先生那颗赤诚的心！

辞别岑老师的第二天，我前往潮州，开始了韩山师范学院中文系的教职。不多久，际齐被派往甘孜藏族自治州，开始为期三年的援藏工作。每逢寒暑假，若赶上际齐回广州短暂探亲，我总会想象、计划着，要和际齐一起，带着自己的成绩，再去看望岑老师，去感谢岑老师当年给予我的宽厚原谅、理解和支持。可是，三年多了，除了得到一个课题，我一无所成，甚至没有发表出一篇拿得出手的论文。我拿什么去看望岑老师呢，有什么资格与岑老师进行学术对话呢。我只一次又一次地感到内心惭愧。后来疫情来了，去看望岑老师的心，愈发退缩了。在朋友圈里，偶然看到岑老师的消息，知道他老人家去顺德图书馆给小朋友们做公益讲座了，知道他去参加《岭南文库》三十周年的会议了，总会莫名向往，希望自己能赶过去见他一面。

2022 年放寒假前，我依然在记事本上，写下自己的愿望和计划。其中一条，依然是：去看望一次岑老师。寒假过完了，怀着胆怯，怀着一无所成的羞愧，我依然没有去完成这个心愿。2 月 26 日傍晚时分，在微信朋友圈，猝不及防，得知了岑老师离世的消息。那一刻，我刚下火车，从潮州回到广州东站，走在川流不息的茫茫人海，我哭了，我再也无法实现去看望岑老师的愿望了。

岑老与我家的两代情

曹　磊

引路

"人生得一知己足矣"，岑桑老师是我在出版界最敬仰的前辈，更是我的人生知己。家父曹思彬和我本人都得到过他很大的帮助和恩惠。

1948 年父亲在《建国日报》当记者的时候，就认识了在岭南文化界出名甚早的岑桑。从 50 年代起，岑桑同志先后在广州文化出版社、广东人民出版社从事文学编辑和领导工作。两人过从甚密，相好了一辈子。他先后帮助我父亲出版过近 10 本书。

父亲编了两本《翰墨缘》，收集了一大批与文化名人的往来书信，在文学家部分，目录第一位是秦牧，第二位是岑桑。

70 年代末，我进入出版界是由岑桑亲自引荐的，这从此改变了我的一生。广东科技出版社是最早从广东人民出版社分立出来的，不久，花城出版社、岭南美术出版社也相继分立了。老岑（我一直这样尊称他）知道我的爱好主要是文学和美术，问我需要转社吗，我考虑再三，婉拒了，因为当时广东科技出版社很器重我。从一而终，我干了近 30 年。

老岑在东山小观园附近的出版社宿舍住了很长时间，岑家住得较高，"之"字形的楼梯很长，我问老岑，吃力吗？他说可以锻炼身体，还可以思考问题，打腹稿。我曾多次到府上拜访、请教。80 年代初，我在广东人民出版社出版的书刊上发表过一些文章，例如 1981 年《云雀》刊物的《灿烂的生命火花》，1983 年的图书《当你步入人生》和 1985 年的图书《在人生的斜坡上》各有 1 篇；1983 年我与父亲合作写的文学名著节选本《悲惨世界（上、下册）》，我都带去请老岑指点。他总是十分认真地关心我的工作和专业，并鼓励我多写作。他说，勤写作才能当个好编辑。

80 年代我参与了省委宣传部资助的《实用名言大辞典》的编写，负责"自然篇"全部词条的撰写，共 40 万字。父亲撰写有关文化教育的词条。1990 年在中山图书馆举行首发式，我邀请了老岑参加，会上老岑对我父子的编撰成果表示赞许，也指出一些不足之处。

我在广东科技出版社开始编了几年杂志，后来以美编、装帧为主。老岑问我还写作吗，我说照样写，告诉他设计与写作的关系：设计讲究构图，写作需要布局谋篇；设计的首要是寻找素材，写作也同样需要；设计的最后技巧是"减法"，写作的剪裁和提炼是后期的一道工序；设计讲究色彩，文学也有个调子和渲染的技巧问题。老岑点头说好。

我记住了前辈的教诲，从未停止笔耕，至今为止发表过 300 万字的文章。

指导

老岑对我两父子长期多有指导和帮助。1993 年老岑为我父亲的个人诗集《羊城新咏》作序，序中说：与老曹相识已数十年了。在广州文教界中，是少有不认识曹思彬同志的，谈起他的时候，总离不开"勤奋、恬淡、豁达、随和"的赞誉。

1996 年老岑主编了《新世纪启蒙教育系列》丛书，以"三字经"的形式，每页配有彩色插图，老岑亲自写了前言，约我父亲撰写了《新学规》一书。

90 年代中期，我参与文字编辑工作，长期写作使我相对得心应手，策划和编辑了一批科普书。编辑《科学三字经》一书的时候，序言我先写好，后由省委宣传部领导认可并签发。"非典"时期一本《警惕传染病爆发》的科普书，后来的《远离黄赌毒》，急于出版却一时无法找到作者。我主动请缨，勇夺成果。正式发表的科普文章有 200 多篇，成为广东省首批科普作家。

除了科普我还写了一批散文，散文也得益于老岑的感染和指导。年轻时读了他的《当你还是一朵花》，励志和文学方面都得到深深的感染与教诲。

16 年前，在顺德华桂园，巨型喷画下开满灿烂的鲜花，镶嵌着两行鲜活的大字："当你还是一朵花——庆祝岑桑同志出版工作 50 周年"。两幅巨型标语从氢气球上泻下来更引人注目。尽管当天的气温下降了近 10（摄氏）度，会场却是热气腾腾。会议规模之大，规格之高，出人意表，在广东出版界是空前的。

与会者每人领到两袋沉甸甸的资料，发言者身份之高，发言之踊跃之感人，都可见岑桑分量之重。老岑的发言强调要培养学者型编辑，要求编辑能编又能写，还要做一个杂家，不断丰富、开阔自己的知识领域。

不久，我在广东出版集团刊物《信息动态》发表了文章，《培育更多的出版名花——庆祝岑桑出版工作 50 年座谈会感言》。

养生

《岭南文库》这套广东出版划时代的大型丛书，是老岑一生最辉煌的事业。2021 年 12 月召开了《岭南文库》30 周年学术座谈会，老岑亲临现场，作了热情洋溢的发言。《岭南文库》执行副主编陈海烈说："别人上班'一份报纸一杯茶，两个烟圈吐半天'，岑老却忙得连上洗手间都常常疾步如风。这两年尽管他身体不如以前，工作量却没减少，甚至最近住院期间还念叨着想回来上班。"

老岑退休后又为出版事业贡献了 30 多年，有比较严重心脏病的他是如何支撑的？2002 年他在广东省人民医院做了心脏搭桥手术，住院大半年，幸而"大步跨过"，当时我到医院探望过。我在广东科技出版社策划、编辑的全彩科普书《战胜心脑血管病》（著名心血管病专家郭衡山编著）刚好出版，送了一本给他，他粗略翻了一下，伸出大拇指。又问我还写文章吗，我握住他的手不停点头，不敢多说。

从老岑身上可以看到，只要懂养生，是完全可以带病长寿的，并且可以不断地、顽强地进行工作学习。他做了心脏手术后又活了将近 20 年，一样活到 96 岁，也算奇迹，这奇迹决定于心迹。他的养生经验是鲜为人知的。

曹操《龟虽寿》诗句："老骥伏枥，志在千里；烈士暮年，壮心不已。盈缩之期，不但在天；养怡之福，可得永年。"最后两句意为，寿命长短不是由上天决定的，愉快的心情可以益寿延年。这几句非常适合老岑。他在我父亲《羊城新咏》的序中说的"勤奋、恬淡、豁达、随和"，也是老岑的写照。

10 多年前，广州有一班知名的老作家迁到郊外住，远离喧嚣的市区。老岑迁到黄岐的一套首层套间，我多次去拜访过他。第一次，参观了他写作的电脑房，谈起了养生。第二次，我带上好几本我编的中医书，还有北京罗大伦的《阴阳一调百病消》一书，他非常喜欢。接着他滔滔不绝谈起对阴阳平衡的看法，印象最深的是他的一句："寒则热之，热则寒之。"把他一篇在报纸发表的相关文章给我看。谈起了毛主席的养生十六字诀"遇事不怒，基本吃素，坚持散步，劳逸适度"，老岑一直坚持，身体力行。他说饭后一定散步。我问他，你这么忙，如何劳逸适度？他说很多人误解了，只是强调"逸"。他认为工作和学习都使人健康长寿，但这个"度"自己要把握好。第三次，还是谈养生，并谈书法，我把跟吴子复、秦咢生学的书法给他看。他把在报纸发表的有关阴阳平衡的文章复印给我，答应送一幅书法给我。

书法也是他养生的一部分。书法作品中的"恬淡"一词，该文出现过两次。他家中挂有一副对联"俯仰无愧天地，褒贬自有春秋"，无独有偶，我父亲也写此联挂在客厅多年。

老岑的儿子岑之邦是出版界的资深编辑，我多年的好朋友，为我编辑出版了《荔湾故事·杏林常春》一书，全部彩色，图文并茂，质量很高。他父子俩是我父子俩的知己、好朋友，终生难忘。平时在手机微信上经常与之邦交流，他把写的几篇缅怀父亲的文章都发过给我，其中的《高州行》《缅茄印章》《千岛湖》特别精彩，当时我还建议他出一本纪念父亲的文集。

缅怀

2022 年 2 月 26 日下午，老岑仙逝。我参加了在银河园"白云厅"的大型告别仪式，大门口摆放了两份纪念资料，一份是老出版局局长陈俊年写的文章《你还是一朵花——岑桑印象》，一份是老岑自己写的《路的尽头　鲜花盛放》（原名《死不去》）文章。

　　疫情期间有近百人参加追悼会，可见老岑的影响力。老岑是我的大恩人，我流着泪水，作了深深的鞠躬！

　　门口摆放的资料，我取了 20 份，一部分送给文学出版界的好友。老岑的文章我常翻来看，这是感悟生命、感悟人生的散文，精彩之处不但在文学性，更在于思想性。把生与死这一亘古常新的话题，讲得十分透彻。当中精彩的有两段："死，是普天之下所有生灵的必然结局，……要力图死不去也枉费心机。""我会对自己说：'老头，你的风雨人生，虽则苦涩多于甘甜……但老天爷该给的都已给你，自应知足和无憾了……上路吧，手巾牙刷、随身行李都不必带了！'"

　　这是老岑 2003 年在手术后写的，将近 20 年了……

　　　　2022 年 3 月 4 日追悼会后写，2022 年 6 月 6 日修改补充

岑桑与增城

王茂浪

　　2022 年 2 月 27 日上午 11 时，我又一次来到岑桑老师位于广州与佛山交会处的黄岐的家里，厅里靠小花园的那张四方桌，已经摆上了老人的遗像。作揖、磕头时，我忍住了哭声，但还是泪流满面。

　　在这张熟悉的四方桌前，单单是 2021 年 7 月初到 2022 年 1 月底，短短的 7 个月里，岑老面对面给我传授如何通过观察生活来突破创作局限性，以及帮我修改书稿，就有 30 多次。有时，特别是节假日，我连续几天都往他家跑，上午去了下午还去。他总是不厌其烦地给我修改文稿，教我如何进行非虚构文学写作。

　　认识岑老是 2005 年冬天，在庆祝岑桑同志从事出版工作五十年座谈会上，听到主持人说"岑桑是《失败是个未知数》《画杨桃》的作者"，29 岁的我惊呆了，我不敢相信自己竟然能目睹学生时代学习过的课文作者的风采。会后，我拿着《鱼脊骨》一书，很是紧张地来到岑老身边说："请您帮我签个名。"岑老翻开扉页，写上"岑桑"两字后，看了看我说："这本书是一个月前出版的，我快79了，你多大呀，看上去我应该大你半个世纪，擅长写哪类文章？"

得知我是1976年出生，刚好比他小50岁，业余写点纪实文章，喜欢研究顺德历史，岑老笑着说："你叫茂浪，我们交个朋友吧，一是你喜欢研究我的家乡，我是顺德人；二是你的名字，我1940年定名、主笔的第一张墙报取名《白浪》，现在历经65年的一浪又一浪风雨，我从'白浪'遇到'茂浪'，我的生活也从白色恐怖的环境到了蔓蔓日茂的气氛，不然我快80的老人哪里还有机会、哪里还有力气工作。"就这样，我有了岑老的手机号码、电子邮箱、家庭住址；就这样，我经常拿着书稿往他家跑。每次我去到家里，他都会招呼我坐下，然后对着保姆说："阿凤，上茶来。"

记得第一次去岑老家，他跟我讲了一段他于20世纪60年代末70年代初主办文学创作学习班的事情。这个班开在增城派潭，由10多个青年文学爱好者组成。办班过程中，岑老经常带着编辑住在派潭，与学员交朋友，给学员们讲授文学知识，比如怎么深入生活积累素材，如何进行文学语言运用。后来，文学班还在广东人民出版社出版了一本增城文学爱好者的短篇小说集《禾苗正绿》，这个集子的作者大部分是首次发表作品，每个人都很兴奋。

　　岑老在增城举办文学创作学习班的情况，在广东省内很有名气并得到推广，掀起了广东文学的办班热潮，但岑老照样抽出时间帮助青年作者提高写作水平，每次都是热情悉心地辅导作者，一对一地修改文稿。后来的数十年里，增城派潭那批参加培训班的文学爱好者，与岑老来往不断，逢年过节都有电话问候，荔枝红了邀请岑老到增城摘荔枝，品尝核小肉厚的"糯米糍"、令人欢心的"妃子笑"和闻名遐迩的"挂绿"。

　　有一次，岑老从梅州回广州途经增城时，这批学员又送上他们最新创作出版的文艺作品，请岑老修改。

　　"我跟你交朋友，就是要提升你的文学功底与素养。"岑老讲完这个故事，直言不讳地告诫我，写作就是要奋发努力、多读勤练，不要放下手中的笔。

　　岑老的教诲，我谨记于心。

　　2006年10月，我到增城参加一周的学习时，有空就往增城博物馆、图书馆等地跑，我想要多了解与熟悉岑老办过文学创作学习班的增城。2015年夏天，因为工作需要，我在增城住了10多天，到石滩镇元洲村等地采访落户增城的三峡移民。我把这次采访的情况告诉了岑老，他很高兴我深入到基层采访，特别是到他当年开班办学的增城采访。这次离开增城时，我也带了一点荔枝给岑老。吃着荔枝，岑老又一次跟我讲起了他的增城故事与收获。

　　后来每次见面，我们除了谈书稿、说创作，岑老总会问我家庭、家人、工作的事情，也会跟我讲他少年时的经历。

他曾问我"会不会游水",得知我不会时,他很认真地跟我说:"我在求学、逃难的路上,遇到翻船,就是我会游泳才得救,懂得游泳才幸免于难。你要去学会游水,在水乡生活、工作要会游水。"

后来,我报了游泳培训班,虽然泳技马马虎虎,但总算会游。这一点,岑老知道后很高兴。他还说过:"茂浪的'浪'就是要会水。"

2022年过年时,岑老还在家里那张四方桌旁修改文稿。

2月26日下午3时,岑老走了。

2月27日上午,看着四方桌上的岑老遗像,看着他写作的电脑台与手写输入板,我不相信他已经离开了我。

3月4日,参加岑老的告别会,我泪流满面,我哭出了声音,我很想聆听他的教导。这也是增城文学爱好者们所愿所想。

送您一朵小花

杨向群

　　说来惭愧，在广东出版业界工作二十余年，只在大礼堂会场见过台上的岑桑先生。那时出版集团每年组织读书会，记得有一次在顺德举行，岑老先生作主题发言，具体内容记不得了——肯定没有宣讲自己的丰功伟绩，因为本可享受离休待遇而不主动申请等事，都是在他逝世后我才听说的——但其音容笑貌却宛在眼前，尤其是声若洪钟的印象历历在耳。

　　可能是 2009 年吧，教育社收到一本书稿《少年作文之友》，据说是岑老介绍的，任务最终派到我的手上。书稿上没留联系方式，我便通过人民社找岑老要作者的手机号码，岑老听我说明缘由，爽快道："我马上告诉你，139……"我还以为要查一下通讯录、电话本之类，谁知老人家一口气背出 11 个数字，反问我记下来没有。记忆力之好，令人佩服，我是连家人的号码都记不全的。这就是我与他老人家唯一的一次直接交往。

间接的联系还有一次。大概过了五六年，我在深圳小弟家闲住，侄子正读小学二年级，语文课本里有《画杨桃》一课。一日父子俩正品读赏析，我在一旁插话说，课文的作者是我们出版界的前辈大家呢，侄子立即两眼放光，问能不能请他签个名啊，我满口答应。虽然不敢贸然惊动老人家，但跟他儿子之京同事多年，也算老友，可以托他相机行事。之京是个幽默却沉静寡言的人，在电话那头拉长了音调慢声说："哦——可以——"如今，这册课本成为了历史珍藏。

值得一记的事却另有一件。我先生是岑老主持的《岭南文库》的作者，他与师姐合著的《岭南近代对外文化交流史》，于1996年出第一版，2009年作为特选本重印，2018年又出版了增订本。先生能参与此项学术文化工程，我也算是与有荣焉。

现在看来，之京的低调原也是渊源有自。在广州出版社共事多年，从未听他说过自己的威水史，其实人家20世纪80年代已有著作问世。加上微信后，偶尔见他发朋友圈，或彩色或黑白的四张图，不着一字，手眼独具，才华皆隐于市井风情的画面之中，才知道他还出版过连环画。2022年春节前在建哥家小聚，自然问起之京父母，答说老窦还蛮精神，拿放大镜看稿，不时回人民社顾问编辑业务，倒是老母亲偶尔会犯糊涂。不料才隔两个月，就看到岑老仙逝的消息，一时不知如何安慰，只给之京发了四个字："节哀，保重。"

沐浴过改革开放春风的一代，很多人都喜欢罗天婵优雅淳厚的女中音。近两年才知道，她演唱的《珍珠河》，词作者便是岑桑。此时此刻，旋律在心中响起："珠江珠江，美丽的珍珠河，如今我漫步长堤，为你唱支心中的歌……"亲切而富有感染力，想象中饱含希望的深情。

从前觉得所谓名山事业，是个仅供远观不可亲近的大词，今天才体会到其实就是岑桑先生的样子，一生孜孜矻矻，用真诚写下能收入课本的美文，逐字逐句整理能传后世的《岭南文库》，把对故乡的热爱凝炼在旋律里，为人作嫁的同时也升华自己……让后人在读书时、在歌唱中纪念他，希望也能像他一样，脚踏实地，做一个无愧无悔的人。

请允许我送您一朵小花，岑桑老。

岑桑老师的微笑

王启基

　　人们常爱说时光飞逝，有些事物会永远消失。可有些人物，在我们记忆中的闪光，哪怕只是一星半点，却永远不会消逝，岑桑老师就属于这样的人物。

　　20世纪七十年代，我在增城乡下务农，一日忽接"县革委政工组"通知，让我到县城去见省里出版社来的同志，我有点开心却又紧张，我当时不过在《南方日报》上写了个短篇，自觉不怎么样，凭什么惊动到他们呢？

　　我到了县委招待所，看到小厅内一位中年人正微笑着向忙于为他斟茶递水的人说："我不懂品茶的，只会大口大口喝，一下子就一杯，你们都请坐，别忙，我自斟自饮好了。"一面拿过茶壶。他见我进来就问："是作者吧？我是出版社的岑桑，来请你协助我们的工作，请坐请坐。"说着顺手提壶为我斟了一杯茶。我从未受过一位长辈如此礼遇，简直受宠若惊——更何况是岑桑！竟呆着在那里不知所措。岑桑看出我的紧张，又微笑了，对大家说："我最高兴见到作者了，因为没有他们，我就没有工作了。"大家都笑起来。

岑桑的名字对我来说是如雷贯耳，早在我念高中时，教语文的班主任，刘逸生先生的高足周锡䪨老师，送给我一本初版的散文集《当你还是一朵花》，说作者谷夫就是我喜欢的在《羊城晚报》副刊上写散文的岑桑，你可拜他为师。我大喜。周老师教导：熟悉里面所有文章内容，把每篇文章中心思想的表达及论述方法写出来，保证你作文大有进步，以后升学考试写文章也能信手拈来。又嘱，许多做人道理也就在里面了。我如周老师的话做，发现学做文章的方法还好，我后来作文常被"贴堂"，但做人要达到岑桑所展现的境界，却不是那么容易。

书中开首一段话，令人记忆深刻："青春让每个人都开一次花，但不能担保每个人都结一次果。能不能结果，往往取决于当你还是'一朵花'的时候。"我想，半个世纪后的今天，这话对青少年朋友来说还很受用。

后来出版社通知我到广州改稿。岑桑老师拟出版增城作者一本名为《禾苗正绿》的短篇小说集，要对我那个短篇逐段指导修改。能有机缘由岑老师手把手教导，我觉得很幸运。岑老师的指导方法是说出每个要修改的小段落的意思，让你去体会修改，并非死板地句斟字酌。我有的地方抓不准，改两三次才被老师通过，感到有点吃力。到后半篇，我对文中有的地方就不那么用心改动了，心想反正老师会反复提意见，先写个大概再说。老师看出来了，扬起手中一迭书稿微微一笑："我们在出一本书。书本一百年后还可以在图书馆找到，凡要印出来的东西都得认真对待。"说时带笑而话意深邃。

我被借调到《广东文艺》（后改回原名《作品》）编辑室改稿。从暂住地文德路到岑老师在广大路的家很近，从中山五路转入，那里闹中带静。登上二楼岑家，给我的感觉是布置雅洁简约，但内涵丰富，所见的好些书橱书架，都整齐地放满书。墙上挂一幅清新的彩墨，画面留白很多，河涌水面，小小的画中人头戴竹笠，撑着一条满载青绿禾苗的小艇，在红棉树下悠然而过，在霏霏春雨中赶往插秧。我想岑老师赏画喜禾苗，《禾苗正绿》一书正寄寓了他的美好愿景。但不久我就知道，岑老师心中的愿景比我想象的要广大和美好得多。

最初到岑老师家里聊天，局促拘谨，多谈毛泽东和鲁迅的诗，说说"天若有情天亦老"过了千年才有人对上"月如无恨月长圆"之类的佳话。那天，我往访正遇岑老师满身大汗推着自行车，原来他是踩车去顺德探望插队的儿子刚回来，我忽记起，顺德正是岑老师的家乡。聊起顺德他话匣大开，盛赞水乡的桑基鱼塘，又细述如何塘基种桑、塘内养鱼，养蚕的废物作鱼粮，鱼排泄物沉在塘底成为上好肥料，可施予桑树和其他农作物，更带动了缫丝工业……我恍然明白，岑老师以桑为笔名的情意结。

后来我们聊天的话题多起来，有些东西也不再讳忌，岑老师从鱼米之乡进而说到珠江三角洲农业经济的发展，使顺德成

172

为整个岭南文化重要的发祥地。他举自己欣赏的顺德诗人陈恭尹为例，认为他的诗大气而又有婉约之风，堪称岭南诗作表率。

岑老师认为近代岭南的许多政经历史、社会文化、创造发明、人物业迹等都大有编书出版的价值。他当时没直说但言间相信将来会有这么一天。

果然，近半个世纪后，由岑老师当执行主编的涵盖岭南人文和自然科学的巨制100多册的《岭南文库》面世，这个远大的宏图在他高寿之年实现了。

记得聊天中也有些笑话。我提到曾在《羊城晚报》看过他写的一篇散文，描绘一片美丽安静的海滩，蓝天白云之下坦荡如砥，海水清澈沙细幼滑，"在上面踏上一脚都好像对不起它似的"我说这描写真动人，充满对大自然的敬畏，笔下有情莫过于此。老师忙说，这是小资产阶级感情，不值得提倡的。我心中有点不以为然，但那年代时兴自我批评，时刻警醒不要有错误思想，实在难怪老师这么说。

而数年之后的80年代，我已在香港及至新加坡的电视台工作。回穗省亲之余，即约岑老师在北园晚餐相聚。我谈南洋风物，岑老师很有兴致，说起那里的椰风海韵，不禁提起他那篇散文中的美丽沙滩。我忽有所感称赞道，当年老师很前卫，很有环保意识呢，并非什么小资情调。老师这回不是微笑而是哈哈大笑，笑毕说，当年我真是认为自己是小资情调，哪来环保意识！我坚信老师在说真心话，他是不会接受不该有的赞美的。

老师问及工作，我回说一直在搞电视连续剧，不比文学作品有意思，作者难有自我，且那东西很俚俗，须迎合观众，收视率决定一切，如广告商不买账戏就玩完，多数剧集观众看了很快就忘了。老师没反对我的说法，却若有所思。我更加以发挥，当年大榕树下的讲古佬（说书人）讲古就等于一部电视剧，眉飞色舞说完一章，且听下回分解，就收一回钱，说不好，没人听，也就收不到钱……老师久违了的微笑又挂在脸上，说最紧要的还是"话本"，写不精彩，说得天花乱坠也无济于事，《西游记》也是俚俗文化的话本，但几百年后的今天它成了古典文学名著。百年之后，还会有人像翻看经典电影那样找某些电视连续剧看吗？不知道，就像吴承恩不知道他的作品今天会成为家喻户晓的精彩电视剧。电视剧是进入每家每户的，影响巨大，不要看轻自己的工作，一剧之本更不能马虎，电视和出版都是大事业。多年来岑老师这番话，不时在我耳畔响起。

21世纪初年，我在国内往返各地写电视剧，在穗偶遇老作家韦丘，即约茶聚，问及岑桑老师，他以惯用的大嗓门说道，岑桑呀，不烟不酒身体好，晚来睡觉起得早，真服了他，退而不休日夜忙，可是我前几天被他教训了一顿！我好生奇怪，他们并非上下级关系，论年龄岑桑比韦丘还小一点，论资历韦丘15岁就到东江纵队参加革命，起码比岑桑多了十年多的资历，如何用上了教训二字？我忙追问，韦丘才吐口烟哈哈笑起来。

原来，那几年已退休的韦丘常到粤北各地积极为希望工程奔走，但有些作家并不那么热心支持，一向快言快语的他曾在岑桑面前气愤出言指责某诗人，只醉心当官，既不支持他搞希望工程也不见有出作品。岑桑听着只是微笑，说你还是个写诗的，忘了"牢骚太盛防肠断，风物长宜放眼量"？劝他消气，并称赞他能办实事，既认定值得贡献力量的理想目标，是百年树人的大业，就应努力做下去，何必去理会甚至苛责他人如何如何。韦丘自知一时失了风度，也就笑说，我活了几十年，难道不明白什么叫人各有志咩？

　　岑老师远去了，可是他创立的文化宝库，永留世间，就像一身是宝的桑树，永远让人们得到有益身心的功效。

"尚未尘封的岁月"……

——我与出版泰斗岑桑的忘年交

黄 奔

2022年春节假期后，听岑桑伯伯佛山的亲戚说，他年初五入了院，最近还进了ICU。我拨通了岑伯伯的电话，接电话的是医院的医生，医生将电话给了岑伯伯接听，在电话里我向他老人家问好并祝愿他早日康复！电话的另一头，岑伯伯言语不多，但还能听明白我说的话，看来他的病情不至于危殆，我原来悬着的心终于放了下来。但万万想不到的是，仅仅过了三天，岑伯伯的亲戚告知，岑伯伯二月二十六日不幸病逝，不想这次与岑伯伯通的电话，竟成了永别。

岑桑伯伯是出版界的泰斗、岭南文化大家，被誉为"三高"（高产、高德、高寿）作家，虽然我与他的年岁差距很大，但我们成了忘年交，这缘于我父母亲和岑伯伯是中学的同窗好友。在抗日战争时期，父母与岑伯伯同读抗日名将张发奎创办的韶关志锐中学。父亲与岑伯伯是同桌，岑伯伯文笔好，我父亲写得一手好字，他们被同学们推举为学习小组和班墙报《白浪》的负责人，他们的墙报办得图文并茂、有声有色。他们常常一起臧否人物、月旦时政，在那个艰苦时代他们心魂相守，结下了兄弟情谊。

　　我从小便萌发了作家梦。高中毕业后，才十六岁的我到了原高鹤县杨梅镇务农当知青。有一年，我放假回城，父亲知道我喜欢写作，就带我去广州认识了他的老同学岑桑伯伯。他当时任广东人民出版社文艺室主任，是闻名遐迩的《当你还是一朵花》的作者。此后，我就利用放假的时间常到岑伯伯家，把自己胡编乱作的所谓作品给他看。岑伯伯虽然已是文化名人，但一点架子都没有，他总是鼓励我多写自己熟识的生活题材，还叮嘱我说："不教一日闲过。"在当时流行假、大、空口号的时候，听到这句很另类的话，让我醍醐灌顶。这句话成为我人生座右铭，影响了我一生。回到知青农场，每当夜幕降临，我在忽明忽暗的煤油灯下看《诗刊》《广东文艺》《人民文学》等文艺期刊，独自沉浸在文学世界里，缕缕的书香，驱赶了心中的孤独感。山区独有的风貌、风物，知青"战天斗地"的劳动情景，激发起我的写作冲动和热情。别人在嬉闹的时候，我却躲在一角苦苦冥想，忍受着山区夏天的溽热和山区蚊子的"狂轰滥炸"，构思我的文艺作品。在别人的眼里我有点另类、不合群，他们每晚靠打牌、抽烟、侃大山来填补内心的空虚，而我心无旁骛地沉迷在"文学梦"里。

1978 年是我国恢复高考制度的第二年，我虽然在闭塞的山区务农，高考复习的条件非常差，当年的高考录取率只有百分之五左右，但靠自己的勤奋和努力，考上了佛山师范专科学校。岑伯伯知道后还专门写信给我父亲恭贺，说"可喜可贺"！他关心后辈的成长令我十分感动。当时刚刚恢复高等学校教育体制不久，文科使用的教材观点陈旧，不少老师思想僵化，课堂了无生气。饱受知识饥饿煎熬，思想活跃的学子，渴望在沉闷的环境中，呼吸到清新的学术风气。何涛校长邀请岑伯伯到学校向师生作当前文学界形势报告。他在我们学校的礼堂侃侃而谈数小时，虽然时隔数十年，我还记得他讲话的核心内容是要敢于解放思想，冲破"左"的思想束缚，繁荣文学创作。他的报告比起学校那些僵化的"文学理论"课，生动、鲜活得多。

他退休以后，从广州迁到南海黄岐一个小区住，我们之间的交往更多了。他的居室装修很简单，客厅里最吸引人的是两副对联，一副是广东省委原书记吴南生写给岑伯伯的对联"昔为埋剑常思出，今作闲云不计程"。另一副是广州市原市长，也是岑伯伯同班同学杨资元写的对联"旧梦可重温记否中流击水，小楼成一统何曾曲意随风"。两副对联写出了岑伯伯耿直、仗义、正直的个性。每次我到他家都细细品味，想要从中读懂这位不曲意随风、独立独行的文学家、出版家的内心世界。

岑伯伯每有什么新书出版都会亲自签名送书给我。他先后签名送的书有《风雨情踪》《岑桑自选集》《岑桑文存》《当你还是一朵花》等。很长的一段时间，我已放下写作的笔杆子，移情别恋。而他虽然已经是耄耋之年，但仍然笔耕不辍，钟情翰墨。他一生对文学的孜孜追求，深深地感动着我。到了临近退休的年龄，我从一线领导岗位退居二线，回顾一下自己的生活经历，这风云激荡的几十年，正是国运、家运、个人命运发生巨变的几十年。风风雨雨的人生经历，正是创作的富矿。近年来，我利用闲余时间，躲在孤寂的书房里独处、爬格子。文章频频登载在《佛山日报》等报刊上。

　　文章发表多了，我就有了将发表的文章结集出书的想法。但我的文章究竟水平如何？有没有出书的价值？我心中都没有底。不如尝试请求岑伯伯为我的书写个序，让他评点一下，知道自己的作品究竟"成色"如何？岑伯伯是著名的作家、出版家，而我只是个无名小卒，请一位文学大家，俯下身子替一位小人物写序，似乎有点不知天高地厚，但还是抱着试一试的想法，请他替我的散文集写个序。他要我将最近发表的文章先给他看看。大概不到一个月时间，我接到岑伯伯打给我的电话，令我喜出望外的是，岑伯伯在电话里告诉我：他花了几天时间看了我的文章，并已为我写下了序，他还关心地问我：你的散文集的书名叫什么？我一时语塞，随便说出几个初拟的名字，岑伯伯听后都不太满意，然后说：我替你想想。岑伯伯来电，简直给了我一个大大惊喜！

　　按照与岑伯伯的约定，我怀着小学生等待老师对我作文打分般忐忑不安的心情来到他的家，寒暄几句后，岑伯伯将他亲自打印好的一篇名为《阿奔种的一树苹果熟了（代序）——

179

读黄奔散文集〈尚未尘封的岁月〉》的文章递给了我。我接过他写的序，快速浏览着，我故作平静如水，其实早已激动得心潮澎湃。我完全没有想到，岑伯伯这么快就替我写下两千多字的序，一个在文学界、出版界很有影响力的文化名人，对我这个文学业余爱好者嘉许以诚，不吝褒扬，序里也表达了岑伯伯的不少文学观点。之后，已届九十四岁的岑伯伯还非常认真地对序反复改了六次，其认真的态度，令人动容。岑伯伯给我写了序，好像替我打了鸡血一样，大大增强了我出书的信心，激发起我写作的激情。为了排除干扰，静心写作，有一段时间，我干脆将手机断网，好潜心修改打磨我的文章。现在，我的散文集已经付梓出版了。经岑伯伯的亲自推荐，2020 年我还加入了广东省作家协会。岑伯伯的大力扶掖，圆了我的作家梦。

岑伯伯与我相识、相交数十年，他的大师风范令我们后辈敬仰，从他身上我学到老一辈文艺工作者许多优秀的品格。斯人虽逝，风骨永存，真的有道是，"尚未尘封的岁月"……

岑桑：广东新时期文学出版的领潮人

谢 尚

岑桑先生怀着对文学的无比热爱，在青年时期便投身广东的文学出版事业，是广东文学出版的开拓者和领潮人。

勇立文学出版潮头

"文化大革命"结束后，随着揭批"四人帮"的深入进行和思想解放运动的蓬勃发展，文艺创作界涌现出如刘心武、陆文夫、卢新华、王蒙、王亚平、宗福先等人所撰写的一大批在思想上敢于冲破禁区、艺术手法上大胆创新的优秀作品。这些作品散见于全国各地报刊，虽被读者争读，却不易被作为优秀文化成果积累保存。鉴于此，1978 年 12 月，岑桑策划出版了批判极左流毒的短篇小说集《醒来吧，弟弟》。此书一面世，就销售一空，大受读者欢迎，在社会上产生了强烈的反响。

其后，十一届三中全会召开，全党、全国各族人民思想大解放。紧接着，第四次全国文代会在北京召开，岑桑作为广东文艺界的代表之一参加了盛会，受到极大的鼓舞，回来后便积极投入到文艺界和出版界的拨乱反正工作中去。他和同事们将广东著名作家如欧阳山、秦牧、陈残云、吴有恒等在"文化大革命"期间被禁锢的作品——《苦斗》《三家巷》《黄金海岸》和《山乡风云录》等重新出版，使一批在文坛上受禁已久的鲜花得以及时地重新开放。

长篇小说《人啊，人！》于20世纪80年代初由岑桑促成在广东人民出版社出版。该书一经面世便引起全国轰动，初版10万多册很快便销售一空。后不断重版，并被译成多种文字。

正是像岑桑这样富有胆识和开拓精神的广东出版前辈，在时代大潮中敢为人先，上世纪80年代广东的文学出版才打开了崭新的局面。

办杂志引进港台新式文学

广东出版业发展尤为关键和辉煌的20世纪80年代，是属于文学的时代，岑桑深度参与了广东出版业对大众文化叙事的建构。70年代末，大型文学期刊《十月》在北京创刊，在文艺界引起注目，促使岑桑等文艺编辑燃起了创办同类型文学杂志的热情。1979年4月，《花城》第一集面世，产生了轰动的效应。其后，岑桑又倡议创办面向青年读者的《希望》和《中学生之友》两种杂志，深受青年们的喜爱。1984年，为准备迎接香港回归，让广大群众更多地认识香港，岑桑倡议创办《香港风情》杂志，并亲任主编。《香港风情》出版二十多年，成为内地读者了解香港社会最为重要的信息渠道之一，初期印行50多万册，大受读者欢迎，并在香港文化界引起强烈反响，因此联系了不少香港文化界人士。《香港风情》被广大读者认为是香港与内地文化交流的桥梁。

那时候，为向内地（大陆）读者介绍港台作家的优秀作品，岑桑先后主持出版了梁羽生、陶然、海辛、李辉英、黄河浪等多位著名作家的作品，尤其是香港作家梁羽生的《萍踪侠影》。过去被认为不能登大雅之堂的武侠小说，广东人民出版社将其视作重要的文学作品出版，不但使作者本人深受感动，而且消除了学界过去对武侠小说的某些偏见。这些港台新式文学的引进，开拓了读者的阅读领域，使广东出版界在全国引领了一股新潮流，对不久之后席卷中国的"武侠热"影响深远。

发掘作家催生优秀文学图书

时代需要更多的文学"新血"。在岑桑的倡议和主持下，广东人民出版社先后出版了文学丛书《潮汐文丛》，广泛收辑活跃于当时全国文坛的新锐作家的作品。从1980年起，先后推出了刘心武、王蒙、从维熙、冯骥才、刘绍棠、张洁、邓友梅、林斤澜、梁晓声、韩少功等数十位作家的单行本，成为这一时期在全国备受瞩目的文学创作丛书，促进了中国文学创作的繁荣。

民国时期《文学丛刊》的重新出版也是岑桑发起策划的。20世纪三四十年代，巴金先生先后主编并出版了10集《文学丛刊》，《文学丛刊》所收编的都是当年文坛上优秀作家的作品，在中国现代文学史上有重要地位。为了继承文学史上的优秀成果，也为了丰富读者的文学阅读，1981年，岑桑专程访问巴金先生，并征得了他的同意，策划并主持再版了《文学丛刊》中20位作家的作品，其中包括陈荒煤、唐弢、何其芳、王西彦、端木蕻良等人的著作。同时期，为了扶持广东的文学新秀，岑老又倡议并主持出版了一套以发表广东青年作家的作品为主的《越秀文丛》，受到读者的欢迎。

诗歌丛刊《海韵》是岑桑为适应广大文艺青年和诗歌爱好者的要求而倡议创办的，刊登了全国著名诗人郭沫若、艾青、柯原等，以及广东著名诗人韦丘、章明、向明等的诗作，还登载了当时诗坛新秀筱敏、傅天琳、陈俊年等人的诗歌。

北岛的第一本诗集也经由岑桑之手问世。岑桑积极发掘文学新人，他用极大的热情，耗费大量的时间和精力，以写信等方式给予作者热情鼓励和指导。许多文艺青年受惠于他，得到他有力的帮助和扶持。

以文学热忱付诸实践，以良知胆识立言行事。岑桑在改革开放初的时代大潮中，以其自觉的责任感和强烈的紧迫感，大胆突破，敢闯敢试，主持出版了很多优秀图书。他对广东出版事业发展的开拓之功，足以在中国出版史上留下不可磨灭的一笔。

在人生启航之时

谭加东

　　我大概是在高中毕业那年认识了散文家岑桑。当时因为我为班上参加学校演出写的一个话剧剧本被广东作协刚复刊的《作品》杂志看中，作协编辑让我修改，并带我去参加了一次文学会议，把我介绍给《广州文艺》杂志和广东人民出版社文艺室的编辑。当时岑桑在文艺室是什么职务我不清楚，只读过他的散文集《当你还是一朵花》，他让我以后写了东西拿给他看，我当然就欣然前往。他的家在人民公园附近，14路公共汽车总站（广卫路）的后面，我从河南小港新村站上14路，跨当时的半个河南，越过海珠桥，穿过泰康路，北京路左转，走完北京路越过中山五路，就差不多进入广卫路了。如果我在文德路附近下车，就是去作协找剧作家曾炜请教改剧本，在总站广卫路下车，就是去岑桑家。公共汽车站站停，当年大约需要近一个小时，才能从河南的家到达岑桑家。

去国多年，每次梦回广州，出现次数最多的就是这段路程，或许是漂泊了太多地方，停靠了太多码头，需要一条回到中国的河道，无意识地寻找启航的码头，盘点初衷，而这个启航的码头，就是岑桑家那小小的客厅。

岑桑家在一座典型的广州城旧建筑的二楼，按照今天的说法，就是连排屋中间一栋的一层，上下层是别人家，左右墙壁后面也是别人，只有前后面可以开窗，客厅是楼梯上来后的第一间，穿过客厅才能进入后面的卧室、厨房，家人来来往往都要跟坐在客厅里面的客人打招呼，于是我就认识了岑桑的家人，也认识了所有到他客厅里来的他的同事、同行和文学爱好者。后来以《在小河那边》成名的作家孔捷生，当时还是个知青，也出入岑桑家，他是我唯一从岑桑客厅里认识，维系到今天的朋友。另外还有岑桑的儿子之邦，其他人都在记忆的长河里被冲淡洗去了。

岑桑是个和善者，言语不多，却从不吝啬对人的关怀和善意，对我这个十几岁对文学完全无知的少年更是特别关照，我拿给他看的每篇文章，他都认真读，读完并给予指点鼓励；文章之外，我下乡做些什么事，他也感兴趣听，把我介绍给县文化馆的人，让我去县里参加画展和写作活动。那是个还有很多文字禁忌的年代，我当时所认识的广东作家们，从秦牧到陈残云、欧阳山，都不会跟你扯什么真正的文学，无论是西方的还是东方的，现代的还是古典的，他们自己都身陷困境，当然无法给年轻人什么出格犯禁的指点。关怀和鼓励，就是最大的爱护。我下乡三年，每次回城探亲，必到岑桑家的客厅坐一下，带去自己的新作。有一次出版社要出一本知青诗歌集，收了我两首诗，岑桑还让我试着为诗歌集设计封面。我的设计很幼稚，虽然没有入美编的法眼，一番操作也是一种体验。我的文学爱好，就是在这样的文学长辈关怀下被维持着，广东农村的劳作再辛苦，扎根农村一辈子的号召再吓人，因为有个爱好，有个追求，身体疲劳精神却没有空虚；遇到各种不公正的对待和打击也没有对人性失望，因为后面有那么善良的长辈对你有信心。

我下乡三年后被招工回到广州重型机器厂当车工，本来是一个人人羡慕的技术工作岗位，却因为我的手对机油过敏，无法操作机床。两次高考又都因为不是让我读心仪的学校和文学专业而放弃，我又一次落入人生低谷。这时是岑桑和文艺室的李文侣他们两位出手相救，让一个不想在出版社当工人的退伍军人和我对调，他进国企享受正式工人待遇，我进文艺室当见习编辑。这给了我一个更接近文学的环境。办公室里每天听大家对来稿发表看法，评论一部文学作品或者电影的优劣成败，我简直就是掉进了天堂，日子过得眼忙耳忙手忙，连中午午休的时间也泡在图书馆里读书写作，恨不得马上就能写出传世的作品。但也就是在这样的环境中，我很快就发现自己从知识到修养都和文艺室里面的编辑差了一大截，他们高谈阔论的时候我插不上嘴，离能写出他们认为好的作品，那就更差个十万八千里去了。

于是我想再参加高考去读大学。我那样做是违背当时常理的，人家大学毕业也未必能进出版社文艺室，你进了来又要走，以后毕业国家分配完全有可能把你分回到县中学文化馆去，更何况人家费那么多功夫帮你对调，专门到你的工厂找厂长说情，你来了不到半年又想走？与己与人都说不过去。

我矛盾了很久，终于还是跟岑桑和李文侣两位领导透露了我的"思想斗争"，没有想到他们非常支持，给我时间复习，安慰我说毕业以后可以回来。就这样，我到文艺室不足一年，就考上大学离开了，那年我刚满二十岁。

在我人生起步的时候，承蒙岑桑这样的文学前辈关照，真不知道是我前世修的还是什么，他那种对文学的热爱，对人的宽厚，对后生的爱护，就像打桩一样，给我打下了对文学和对人生的一种原则基础。在我以后几十年跌宕起伏的人生道路上，我因为有了这样的基础，而没有被各种生活挫折和困难压倒；也因为有了这基础，我能读了万卷书，行了万里路，一直在笔耕，不仅继续在中国和海外的文学报刊发表中文作品，也用英文写作发表。我知道这就是我对他和对关怀过我文学事业的所有前辈最好的感激和回报。

2022 年 6 月 2 日

岑桑，是灯塔，是山峰

余秀云

　　小时候就知道岑桑。记得读小学四年级时，教俄语的彭老师向我们推荐了《当你还是一朵花》这本书。"当你还是一朵花，就得想到将来要为我们亲爱的祖国结个什么果……"彭老师朗读着里面的句子，字字优美，句句抒情，但也如鼓声撞击着我们懵懂的心灵，燃起点点光亮。朦朦胧胧地我们知道，长大后我们应该要有的样子。和发小阿娟跑到新华书店，用仅有的零用钱买了这本《当你还是一朵花》。于是，我知道这本书的作者叫"岑桑"。那时写作文、抄赠同学的语录，我都从这本书里摘录，这本书是我少年时代成长时期的心灵鸡汤。

　　八十年代，《中国青年》杂志掀起了一场关于人生意义的全国性大讨论，来自全国各地的读者来信，铺天盖地的文章都引用了《当你还是一朵花》里的选段及句子。我才知道，岑桑的书不但是我成长时期的心灵鸡汤，也影响了千千万万的人；

岑桑是灯塔，他照亮了几代人的成长路！

中学时代，由广东人民出版社出版的戴厚英的长篇小说《人啊，人!》在全国引起极大的轰动，再版又再版，新华书店门口依然是排队的长长的人龙。捧着那本《人啊，人!》，读着报刊上大量争论性的文章，我又一次知道了岑桑，是岑桑顶住压力出版了戴厚英的《人啊，人!》。在拨乱反正、解放思想的年代，岑桑以他过人的胆识、坚定的意志激起时代的巨浪！岑桑是一座山峰！

1984 年，岑桑又一次以他的远见卓识，倡议编纂《岭南文库》。1990 年岑桑受命筹建《岭南文库》组织机构并担任执行副主编（后转为执行主编）。退休后九十多高龄的岑老依旧到出版社上班指导《岭南文库》的编纂，为传承岭南文化鞠躬尽瘁。深深的敬意！岑桑是一座高耸屹立不倒的山峰！

2019 年，我在广东电台《岭南文化大讲堂》节目里采访了岑桑。走近心中敬仰已久的岑老，我没有生疏感，那是缘自岑老的和蔼可亲及提携晚辈的大家风范，当然也是小时候读着他的书成长的缘故，我觉得他是慈蔼的长者。当时九十三岁高龄的岑桑，精神矍铄，思维敏捷，谈锋甚健，为我们口述了拨乱反正、解放思想的改革开放之初，广东文坛及出版界的真实历史，为我们提供了珍贵的历史资料。

也记得，在稍早前"《美国庞氏家族的奇幻人生》中译本首发式"活动上，岑老指着我问他儿子之邦："这个'省镜'女主持是谁?"我笑着，我想告诉岑老，我当年是一个未有教化的丑小鸭，如果没有您的书，我如今只会是一名市井妇人。感恩读着您的书成长！是您的书塑造了如今这个"省镜"的女主持！

……

往事历历在目，没有因岑老驾鹤而西去！岑老的人生似火似花，从不熄灭！岑老是灯塔，从人间亮到天堂；岑老是一座高高耸立的山峰，天堂人间屹立不倒！

我的导师和挚友岑桑前辈

杨志坚

　　我认识岑桑这个名字至今有七十多年。

　　少年时读他的诗。

　　青年时看他的文。

　　中年时聆听他的教导。

　　老年时成为他的挚友。

　　记得五十年代初，许多青年学生喜欢用一本精美的簿子，抄录报纸杂志上发表的自己喜欢的诗歌，或者从诗集上抄下自己喜欢的诗歌，制成一本自己很珍爱的"手抄诗集"。当时我是一个读初中的爱诗少年，曾经从一个同学的"手抄诗集"里抄录过岑老的诗作。可惜年代久远了，诗句不复记起，但印象仍存。

　　我二十一岁到中学教书，那时我很喜欢看岑老的文章。特别喜欢读他的《当你还是一朵花》，不单自己读，还组织过几届学生读，开读书会。如今，偶尔与这些当年的少年，现在的老头相叙时，常常会谈及岑老前辈给他们的教益。我告诉他们，岑老已经九十多岁了，还健在，还上班，还写书，还当大型地域历史文化丛书《岭南文库》的执行主编，同学们都无比惊讶，都说他"青春常在"。

在八十年代末，我已人到中年。有一次在省作家协会遇到岑老，他知道我是一个教育工作者，又是一个喜欢写点儿童读物的人，便一见如故。他鼓励我，作为一个教育工作者，有责任为孩子们提供健康的精神食粮。你们天天跟孩子们在一起，了解他们，只要留心观察，不难找到可写的题材。

自那次谈话后，我们来往渐密，成了挚友。

有一次他告诉我，他在幼稚园上学时，常常晚上缠着他的祖母，要她讲故事。祖母故事真多，天天讲，都讲不完。故事的内容大都是善与恶斗、穷与富斗、弱与强斗、正与邪斗。叫人相信被欺压者终会出头、含冤者终会昭雪、怀才者终会得遇。做人要勤奋、诚实、正直、乐观，要热心助人，对贫穷者要同情，对落难者要伸援手。这些都是人类心性成长所需的养分。他笑着告诉我，自己从中受到潜移默化，汲取了不少精神上的滋养。我把它称作"心灵的母乳"。回想起来，这些"心灵的母乳"影响着我的一生，教我要崇德尚义、持直秉正、抱朴怀仁。教我一念执着、一生坚守。教我哪怕一路坎坷也不惜风雨兼程，知难而上。教我一切都应按良知行事，宁置一己荣辱安危于不顾……

他还告诉我："到了读小学五六年级时，父亲让我读过不少童话、寓言和俄语故事。给我影响最大的是安徒生的《丑小鸭》和《灰姑娘》，它使我学会不要自卑，不要怕受委屈，不要怕受凌辱，甚至受到迫害时，相信一切苦难都不过是头顶上偶然飘过的一片乌云。"

他说："回想过去数十年，自己的经历，遭遇，有不少是可以祖辈们给我讲过的故事里的人和事相对照，从中得到启迪、得到验证的。

"从我自身体验中，深知儿童文学对儿童成长中的教育作用是非常大的。

"儿童是祖国的未来，对孩子进行良好的道德品德教育是关系到国家千秋万代基业的大事，是每一个儿童文学作家的历史使命……"

岑老对我讲了许多人生的道理，也告诉了我，一个人在童年时接受道德品质教育是何等重要。

去年，我和我的"忘年交"，一个三十出头的青年人任孟焦写了一本儿童读物，把三校稿送给他看，他看了很高兴，主动提出帮我们写序。

过了仅仅两天，他就告诉我们，"序"写好了。我们到了他的家，他告诉我们，广东的儿童文学创作有过辉煌的历史，但近年来似乎已现疲态，与振兴中的盛世大环境不相适应，鼓励我们以饱满的热情，为丰富孩子们的精神世界，为儿童文学事业做出积极的贡献。

2022 年 1 月 28 日，我们拿着他写序的新书去他家拜早年，是他亲自走出家门，到通街的大门，给我们开门的。

我们谈得很开心，他拿着我们送的书跟我们一齐照了相。

我告诉他，我会遵照他的嘱咐，努力进行儿童文学创作的。现在有一本已经脱稿了。他听了很高兴，说："一定要拿给我看，我要为它写序。"

岑老，虽然我再也听不到您的教诲，但我不会忘记您的嘱托，我会像您常说的那句话一样，"只要有船和风，我还是要出海的!"

2022 年 6 月 5 日

我的文学灯塔——岑桑先生

任孟焦

我是一个 80 后青年，在杨志坚老师的引荐下，结识了比我年长一个甲子的岑桑先生，倍感荣幸。

记得第一次拜访岑桑先生时的情景。从番禺出发，要去面对这样一位德高望重的文坛大家，一路上我零零碎碎问了杨老师好多关于岑桑先生的问题，比如岑老是不是特别严厉？我的广州话说得不好会不会影响交谈？见面该聊些什么好？总不能一直傻笑呀……一路上非常忐忑，直到见到岑老先生，通过介绍交谈才打消了心中诸多的不安。原来岑老先生是一位温文尔雅、和蔼可亲、风趣幽默、让人如沐春风的长辈、师长，用"君子温润如玉"来形容真是一点也不为过，我想这应该是多年来文化素养在他身上沉淀出来的特有的品行吧！

认识岑老先生后，这几年基本每个月都会约好去拜访老先生，聆听他的教诲。倾听着先生讲述抗战、解放、"大跃进"、

196

"文革"、改革开放等各种大事、趣事，我尽情徜徉在这个历史海洋里，了解文学，了解世界，了解人生，受益匪浅！

2021 年中秋前夕，岑老先生来电话请我们去他的家。到了才知道，原来岑老先生的新书《海韵》出版了。岑老先生亲笔签名送了一本给我。我如获至宝，很开心地拿着书和岑老先生合影留念。回到家我立即拜读起《海韵》来，一直到凌晨两点多。

他在《我与文学之缘》的代序里记录了从小时到晚年生活中许多难忘的往事：有时代背景下的艰难险阻，有面对家国危难的爱国行动，有"被人打翻在地并踏上一只脚"时的不甘沉沦，顽强斗争，也有和平年代的珍惜与感念……不管什么时候他都贯行着座右铭"宁可抱香枝头老，不随黄叶舞秋风"的坚贞品格，依然深信黎明的再度光临，自始至终专注着文学，就像岑老先生自己说的："我真的离不开文学，我真的舍不得文学！"

岑老先生 95 岁高龄还如此专注且坚毅地出品书籍，获得"广东文艺终身成就奖"真是实至名归！作为后辈的我们又怎能不被直击心灵，怎能不被感染！也就在耳濡目染的过程中，我更加明确了方向，坚定了文学道路！

2021 年国庆后，我和杨志坚老师合作完成了一本儿童读物，岑老先生看过三校稿后，主动给我们写序，仅过了三天，他就给我们电话，告诉我们序写好了，让我们过去拿。来到他的家，只见岑老先生坐在客厅旁边的电脑桌前，对序用手写板进行个别的修改。他问我要了邮箱号，邮件发送一气呵成，相当熟练，让我着实惊讶与感动！脑海里不自觉涌现"最美夕阳红"的感慨！这样活到老，学到老，与时俱进的精神给时下年轻人作出了可敬的榜样。

岑老先生将儿童文学比喻为"心灵的母乳"，认为许多德性成长中的养分，就是在孩童时期吮吸并融入血脉之中的，甚至能影响作用一辈子！

最后一次见岑老先生是 2022 年 1 月 29 日。他给我们写序的书出版了，我们第一时间拜访感谢他，岑老先生很高兴，给予了肯定和鼓励。春节前的天气还是有点冷，加上两天后就是过年，很多事情要处理，我们只呆了一个多小时就返回。岑老先生送我们到门口，叮嘱路上开车慢点，春节过后，气温暖和一些，再早点过来……

岑老先生一生俯仰无愧于天地，堂堂正正、坦坦荡荡，给后人留下无尽的文学与精神财富！岑老先生的音容和精神，我不会忘记！我将带着先生的嘱托，继续以饱满的热情，为丰富孩子们的精神世界而努力！

人如其文的良师益友
——《广府文库》第二期开篇语

陆展中

　　岑桑，不同年代出生的许多人都知道他的名字，是人们喜爱的作家和出版家。

　　我第一次见到这位前辈是在 2020 年 1 月 6 日。当时，为探索如何启动《广府文库》编纂工作，我与同事去广东人民出版社"取经"，德高望重的岑桑老先生亲自向我们介绍《岭南文库》的经验做法。三个月后，我随广府人联谊会创会会长黎子流、第五届会长伍亮、现任会长陈耀光等到出版社洽谈合作出版《广府文库》，再次见到这位精神矍铄的长者。此后，我们有不少工作交往。岑桑亲自担任《广府文库》主编，执笔 23 稿完成《广府文库总序》，组织作者商谈约稿，开启了编纂文库的浩大工程。

　　2022 年 2 月 26 日，岑老 96 岁仙逝，《广府人》精心选编

199

一组关于他的文稿，希望供读者缅怀的同时，也表达我和同事对这位杰出文化人的景仰。

岑桑受人尊敬，在于他的作品，无论处在哪一个人生阶段的人，读了都会心生感触，为其中的真诚、豁达所感染，被积极向上的能量所激励。

他在作品中对青年说："年轻的朋友啊，春天翩然而至了，就像阻不住的生机已经降临枝头，青春已经降临你的生命。让我重复一句吧：它得之不难，失之也易。因此，当你葆有它的时候，就得想到应该如何珍爱它，不久之后又应该如何与之分手，以及将来应该如何使之终于化作我们称之为'果子'的东西。"

他鼓励在人生路上拼搏的人："人总是要经得起风吹雨打虫蛀，经过奋斗，作过努力，那才能终于以'果子'的形式向自己的青春告别的。"

面对老年得病日渐体弱的自己，他对大家说："路的尽头，鲜花盛放。"他说，"不是常言'有权利必有义务'吗？如果说，生，是老天爷给予所有生命借以追求快乐的一种权利，那么，死，便是让所有生命终于结束自己，以便让更多新的生命获得更大快乐的一种义务了……因此，所有的生命在享受过老天爷赋予的权利之后，腾出自己曾经占用过的生存空间，让位于后来更多和更有价值的新生命，不是挺合情合理的吗？"

岑桑创作大量的作品，编审大量的书稿，浩如烟海，只此举隅。

岑桑，人如其文，真诚而豁达，一生孜孜不倦，不懈追求。这方面已有许多追忆他的美文。

有一种说法：与善解人意的人在一起能养生，因为能因此拥有好心情；与有趣的人在一起能养人，因为能因此让自己也变得更有趣；与靠谱的人在一起能养心，因为你的朋友凡事有交代，事事有着落，件件有回应。

岑桑就是这样一位能使人在与他的接触中变得更好的作家与长者，他因此而具有非凡的人格魅力。

作为良师益友，岑桑永远在我们心中。

开夜车

岑之京

我第一次听到"开夜车"这个词，大概是在我四五岁的时候。

那时候家里没有空调，每逢夏天，房间里如同蒸笼一样，难以入眠，我们就在家中的客厅铺上凉席，一家人席地而眠。能在地板上睡觉，是我的一大乐事，且不说地板比床上凉快得多，重要的是躺在地板上我可以从客厅的这头滚到另一头。

当我们都睡下，客厅顶上的电灯也关灭了之后，父亲就坐到书桌前打开了台灯，开始他的写作。陪伴着他的还有一只桨叶只有巴掌大小，用不了一会就热得烫手，要用湿毛巾包裹着降温的电风扇。

无数个夏天的夜晚，我都是在微明的灯光和电风扇转动的呼呼响声中，看着父亲的背影渐渐入睡的，这种情形早已司空见惯，从未想过父亲是几时睡觉的。直到那一天早上醒来，我见父亲就睡在一旁，刚想开声，外婆忙在一旁低声说："不要吵你爸爸，他刚睡着，马上就要起来上班了，他昨晚又开了一晚'夜车'。"

我问："什么是开夜车?"

外婆说："就是一个晚上没有睡觉啰。"

从那以后，我就知道父亲原来经常"开夜车"。年龄渐长，看到父亲"开夜车"的次数也越来越多了。

从母亲和外婆口中我知道，写作是父亲的业余爱好，白天要上班，只能用工余时间和晚上写作，他的作品能不时地见诸报端，就是一次次"开夜车"的成果。

小时候，我爱趴在书桌边看父亲写字，那时候，看他写字是一种享受，他写字飞快，龙飞凤舞，一行行的文字就像泉水般汩汩流出。

父亲的字不算好看，但绝对是有特色，我想，天底下是没有第二个人能写出这种字体来了。有人戏称这是"岑桑体"，以至于见多识广的排字师傅有时见到他的字也发怵。也许是我常看他写字的缘故吧，许多别人认不出的字，小小年纪的我也能毫不费力地正确辨别出来。

父亲的勤奋，为他赢得青年作家、知名作家的美誉，他的坚持，也使他收获到丰收的喜悦，他几十年前出版的《当你还是一朵花》多次再版，至今还为人津津乐道。

小学毕业后上了中学，那是个寄宿学校，平时住在学校，只有周五周六晚回家，从那时起，我就很少见得到父亲"开夜车"了。

后来，"文化大革命"开始了，再后来，上山下乡运动开始了，我离开父母和家人，接受"再教育"去了。

之后，我又经历了回城，读书，工作，有了自己的小家庭，这期间，我已很少在家与父母同住了，也没有再见到父亲"开夜车"的身影了。

等我再次见到父亲"开夜车"，那是很多年之后了，那时他已到了耄耋之年。

那一年，父母家中的保姆告假回乡，我前去父母家中照顾两老。那一夜无话，凌晨时分，被房门外的轻微响声惊醒，这时已天色微明，我赶紧下床，来到父亲书房，书桌上亮着台灯，几十年前父亲伏案疾书那一幕又出现在眼前。

我问："爸爸，你又'开夜车'了?"

父亲笑说："年纪大了，开不动'夜车'了，只不过早起一点而已。"

父亲说得轻松，不过我知道，这几十年来，他何尝不是一直开着"夜车"？退休以后，他并没有闲着，他钟爱他的工作和事业，手中的笔一直也没有停下来，不过，他现在写自己的作品少了，他的时间和精力更多地用在扶掖新人、为他人作嫁衣上，更多的是殚精竭虑地为出版事业献计献策，谋篇布局，开拓创新。

父亲的心血结出了硕果，也赢得了人们的尊敬和荣誉。

如今，父亲已离我们而去，他"开夜车"的景象今后也只能在我的脑海中闪回。

　　不过，我相信，如果这个世界真的有天国，那么每当夜幕降临时，天国的夜空中，一定会有一个老人坐在灯前，风雨兼程地开着"夜车"。因为他说过："只要有船和风，我还要出海 。"

父爱是平静表象下的内敛和沉重

岑之邦

　　送女儿回加拿大路过杭州，顺道到千岛湖，在湖边写这篇被资深电台主持人邱雯约稿多时关于父亲节的短文，此时才得知千岛湖水下有被淹没了的两座县城四个镇。

　　每年的父亲节我总会到父母家团聚。每过一年的父亲节，父亲的衰老是写在脸上写在动作上的，一年不如一年。从记事起我们就要和叫父亲的人相依相伴，我们无论漂泊到哪，父亲就像风筝的线牵着彼此，幸运的话我们要和父亲相伴到老，永别时牵着彼此的手。

　　古时没有明确意义上的父亲节，父母亲结婚纪念日曰：天伦日，可算得上是儿女心目中的父亲节了，这天儿女要对父母行九拜大礼。可惜我从未行过这礼，不知是我们这一代人被时代异化了还是一种文化断层。但从内心而言对父母孝的基因是尚存的。然而我们又如何去孝呢？心灵中永远有父亲的泊位？

但这怎能与父亲曾给予的宽广港湾相比？

我的父亲大概是最宠我的。小时候我喜欢跟着父亲上街，上街时他不是牵而是用力抓着我的手满大街地走，我并不在乎手被抓痛的感觉，因为很多时候回家时路过或专门走远一点到太平馆冰室买一杯冰激凌给我，这种待遇在兄弟中我是最多的，母亲说他偏心，他不同意。

小时我很黏父亲，"文革"时父亲被隔离不让回家，我会偷偷地对着父亲的照片哭，问照片中的父亲几时回家。我喜欢让父亲抱，喜欢坐在父亲的腿上，喜欢让父亲背，喜欢早起和父亲上惠如楼饮早茶，喜欢父亲看我的眼神，晚上要听父亲讲古后才睡，别人看我如此黏父亲觉得很奇怪：怎有不黏妈妈的孩子？

岁月是父亲带着我骑在单车上穿街过巷的记忆，是偷他的钱买金鱼被识破谎言后的笑谈，是不想上学装肚子疼被父亲心痛着向老师写的请假条，是刚到干校探望父亲就被黄蜂叮后父亲帮我用红花油涂抹的味道，是每月规定发放 5 角却总领到 1 元零花钱的日子……

我童年是在父亲用慈爱构筑的港湾中长大的，港湾内波澜不惊，宽广而深沉。

1967 年的一天，父亲脸色铁青地领着几个人回到家里，几个来人一脸的严肃，打开家里的书柜并从书柜翻出了一大批书然后用三轮车带走。后来我才知道这是抄家。之后我见到认识的人就一脸自豪地说，我们被抄家了。

家里有一个小阁楼，阁楼除了放些杂物外还有不少是父亲珍藏的精品书，有不少还是孤本，是我父亲的爸爸和爷爷三代人的藏书。这次来抄家的人大概粗心了没有上阁楼找，只拿走书柜中的一大批书。为了不再惹上麻烦，父亲决定在当天晚上把阁楼上的书烧掉。那天晚上我凑热闹和全家人一齐烧书，书烧了大半夜，书在火盆上化作灰烬，火光中父亲含泪望着我，像在问：我们今后如何度过无书可读的日子？父亲说他的一生苦难多于平顺也许源自于此。

在父亲心目中那批被烧毁的书象征着精神生命从此被阻断，自此十余年他不再提笔写作。

70年代初父亲不能务"正业"了，随时有被扫地出门的危险，自感前途茫茫的他开始为一家大小的生计做打算：解放初期就从中山大学毕业满怀理想的他曾蹲在补锅匠前学习如何补锅，把学习体会记在笔记本上；曾学做煤油炉，因做好的炉子冒着令人惊喜的蓝色火焰而兴高采烈；曾笨手笨脚地学做木工并成功制作了一把粗糙的锯，到干校时果然分配到木工班；曾学习打鸡血针，想着这可能是一份新职业，就买一只公鸡约上几位朋友抽公鸡的血往自己身上打，当感受不到想象中的效果后像泄气的皮球在椅子上发呆……

尽管岁月艰辛，父亲从不抱怨，无论是"文革"中恩将仇报或是莫名的积极批斗者，他都在谈笑风生中一笑带过，倒是那些施怨者惶惶不知如何面对这打不倒的智者，这是这片土地赋予他的品格，他深知苍天有命。

也许我们一生是为欠着父母亲而来却无论如何是偿还不清的，从一出生开始父母就为我们张罗，无论是奶粉还是上幼儿园、小学到整个学业结束甚至工作、结婚，没有什么是能让父母省心的。我女儿出生后，当时我一个月的工资只够买三四罐奶粉，父亲就努力写稿，然后投到香港《大公报》赚取稿费，女儿是喝着爷爷用稿费买的奶粉长大的，她一直深爱着她的爷爷，父亲的最后一餐是他的孙女在医院喂的鱼粥。

七十岁才习字的父亲每觉得有得意之作时就会在落款上写上：赠爱儿、爱媳或爱孙女，拳拳之情溢于纸墨；2019 年去加拿大探望女儿，前脚刚到后脚就接到父亲打来的电话，问我们什么时候回家，打电话的时间正是国内的凌晨，我知道父亲是想我们了却找不到话题。

在前行的岁月中，父亲如同永不停歇的石磨为家承受着一切磨难，震颤前行，石齿碰撞，吱吱作响，把自己连同岁月一同碾碎。

晚年的父亲再也支撑不起自己构筑的港湾了，再也不是那个因不想别人替他身体担心而说出"还想踢足球"的父亲，也不是那个每次出院后问他有何感觉时总是说"感觉好极"的老人了，他已到了需为生命寻找一个泊位的时光，需要儿子心痛他打麻将累了接替一下；需要儿子到医院为他挂一个号，为他拾一服中药，需要为他寻找一名民间针灸师，需要为他请一名愿冒着风险的好心护士长到家里为他护理；更需要扶着儿子的肩膀缓缓走向住院大楼，日后更需要有人陪在病房里。他知道为我们构筑的港湾正渐渐被黄沙填满而无可奈何。深夜，当主治医生告诉我父亲的病难以逆转时顿觉天之将塌，仰望夜空，星光灿烂，唯缺北斗。

2022年的父亲节是我过的第一个没有父亲的父亲节，今后也永远如此了。记取父母的好，珍惜父子之情。它们是岁月留给我的礼物。当港湾之水退尽、石磨把石齿磨平不再吱吱作响，唯有为父亲留设的心灵泊位永不荒芜。

对我而言，父爱是平静表象下的内敛和沉重，正如目下千岛湖水中永远沉默的两座县城四个镇。

外甥陈英佐写给岑老的信

陈英佐

二舅父:

　　祝贺您九十周年寿辰!

　　在我从小至今的回忆中,您一直就是我最爱戴的长辈之一。

　　您对我人生道路的影响非常大。

　　1954年之前,我跟随父母东奔西走,曾经在沙滘、葛岸、石湾、九江居住过。我想,如果不是您的介绍,我父母就不会在广州谋得职位,我也就不会成为广州人,失去了大城市所能提供的教育、医疗等优越条件。

　　我看过您的一些文章和小册子。您曾经写过一本童话故事集,里面一些故事情节我至今还记得清楚(比如"没有主见的小熊")。您写的《向秀丽》一书曾使我热泪盈眶。不用说,看过的书单里还有《当你还是一朵花》。

　　我对自然科学的爱好一来受到大舅父的影响,二来跟您的支持分不开。1957 年我装矿石收音机，需要一副耳机，8 元的价格在那时候是很豪华的消费，您却毫不犹豫为我慷慨解囊，令我喜出望外。

您关心我的婚姻，介绍我认识魏洁，让我得到了一位贤良淑德的太太。

您不单单照顾我一个，对我的姐姐、弟弟、表弟妹们，都是尽心尽力，爱护有加。

……

事业上，您的业绩和成就有目共睹，自有公论。我们这些晚辈，都为有您这样的长辈而自豪！

二舅父，祝贺您平安度过了九十年的岁月！由衷祝愿您健健康康、快快乐乐，超越期颐之寿！

外甥陈英佐

2016 年 12 月 11 日

外甥女英仪写给岑老的信

陈英仪

二舅父：

知道今年是您的九十大寿，我在远方给您祝寿了。

中国人很少用话语表达自己的感情，但我想在这里对您说一句："我爱您！我一辈子都感激您！"

在我们家里，除了二姨外，我最依恋的就是您了。记得小时候是您给我买心爱的玩具，做新衣服，有个乒乓球拍是您给我买的，您还在其手把端写上"英仪"二字。您只要和朋友到茶楼聊天都带上我，让我享受少有的口福。每次在新华书店见到我都给我零花钱，日积月累我也成个"富人"了。我考上大学后您万分欢喜，记得您单独与我谈过一次话，您说会负责我的生活费，五年来您说到做到，其实当时您家里也并不富裕。有一年去北京出差，当时是困难时期，您带我在西单吃了一顿大餐，您只看着我吃，那也是我最忘不了的一次。

　　您也很关心我在大学的学习、生活、思想，我们经常通信。有什么话我都对您说，最记得我对您说过我对父母的感情——"不爱也不恨"，您耐心地劝我，做我的思想工作，我还记得您在信中说的一句话，意思是您对我所做的一切都不要求回报，您说："即使你以后翘着鼻子在我面前走过也无所谓。"……所有一切您对我的好，对我的帮助，我将永远铭记于心。

　　衷心祝福您健康快乐！

外甥女英仪

2016 年 12 月 2 日

当年，我陪岑桑老师游河口

陈国壮

　　1980 年 4 月，正是春暖花开、万物复苏的美好季节。三水县文学艺术界联合会隆重成立。这是八十年代思想文化解放运动中佛山地区较早成立的县级文联组织。来自宣传文化战线及各界的文艺爱好者济济一堂，意气风发，豪情满怀！其中不乏青年诗人、文艺新秀、书画名家和粤剧、粤曲作者。为了增添喜庆气氛，县委特意通过省委宣传部邀请著名作家、出版家岑桑老师莅临指导并作写作讲座。这无疑给大家带来极大惊喜！当年我作为大学中文专业本科毕业生，分配在三水县委宣传部，兼任县委理论组秘书及文联工作，业余喜欢文学写作，并在《羊城晚报》的《花地》文学副刊发表作品。岑桑老师是闻名于世的著作家、出版家。散文作品《当你还是一朵花》更是家喻户晓，深入一代青年的心灵！岑老师的到来，在小小县城兴起一阵文艺的漪涟，尤其给我以极大鼓励。让我感到荣幸的是，会后让我和县委宣传部、文联领导一起陪同岑老师游河口！河口是三水一个小镇，北江、西江、绥江三江交汇。三江争流，汹涌澎湃！吞吐天地，气象万千。这里历来为兵家必争之地，有建于清代的文光塔、建于民国的"半段桥"。那天，岑老师游兴勃勃，不时提问议论，听听我的讲解；不时解答我提出的写作困惑疑问，始终面带笑容，和蔼、亲切、宽厚、真诚。留下的美好记忆，至今难忘。

最后的访谈

高小莉

2022 年 2 月 26 日下午 4 点，我收到陈俊年的微信：岑桑于今天下午 3 点仙逝。享年 96 岁。

2020 年 8 月 6 日和 8 月 28 日，我们影像组分别对岑桑先生进行了采访，第一次是在佛山市南海黄岐第一城他的家中，第二次是在广州海珠区新港西路广东人民出版社。两次录像时长达 5 个多小时。这是他第一次对着镜头完整地讲述自己的人生经历、编辑生涯、创作故事，也是他生命中最后一次系统地口述历史。

不仅是他，还有我们访谈过的谭尧、杨奇、蔡少尤，也先后辞世。我常常深切地遗憾，我们这项工作确实启动得太迟了。要是更早一些，像欧阳山、萧殷、秦牧、陈残云、陈国凯、吕雷等老一辈作家，能够留下珍贵的影像资料，由本人口述历史，那将是多么珍贵。甚至明明启动了影像拍摄工作，但是因为疫情的影响，金敬迈、颜烈等老作家也没能等得及，匆匆地走了。每念及此，心情沉重。

陈俊年写下了《你还是一朵花》、陈锡忠写下了《您永远是炫彩岭南文坛的一朵花》，两位岑桑的老同事、老朋友，从自身的角度和体会出发，以一个个生动的故事，展现了岑桑学识渊博、善良忠厚、勇于担当、为党的文艺事业鞠躬尽瘁的精神风貌。

这一篇访谈笔记，是 2020 年 8 月 6 日在南海里水岑桑先生家中的对话，根据现场的录音速记文件整理而成，我发给岑桑先生请他核校，他非常认真细致地在个别不准确之处（主要是人名、时间、地点）作了修改，让出版社的同事用邮件发给我。又给我打了两次电话，告知文本已经核对，并做了修改。最后一次打电话，他告诉我他在医院。那时候我正在采访途中，心里满是感动，老人家即使卧病在床，依然惦记关心着我们的工作。

让口述历史真实展现，我只去除一些重复的词句。我想以这种方式，表达对口述者的尊重和敬意，也想留下一份真实的史料，他生命中最后一次长达几个小时的访谈，到底说了什么，他又是如何描述、总结、思考自己的人生。

高小莉：岑桑老师，今天见到您特别高兴！您是我的老领导了（1987 年我曾在广东人民出版社《希望》杂志打工），但是几十年了也没有机会好好向您请教。感谢您接受我们广东省作家协会著名作家影像拍摄工作组的采访，今天我们以口述历史的形式，来聆听您亲口讲述您的故事。无论是您的编辑生涯，还是您的创作故事、您的人生阅历，很期待您跟我们分享。

岑桑：我也很感谢广东省作家协会给我这个机会，省作协没有忘记我们这些老人，我感到很温暖很感动。

我从事编辑出版工作已经 60 多年了，我最早的时候还没有到出版社，在电影杂志当编辑，那是 1953 年。1958 年，广州市成立广州文化出版社，就把我调去了。所以从事编辑工作是从 1953 年开始，到现在 60 多年了。

广州文化出版社和广东人民出版社合并，1958 年到 1959 年，我就过去广东人民出版社，最初是当文艺编辑室的副主任。一直到现在，我从来没有离开过广东人民出版社，所以在广东人民出版社已经 60 多年了。到 1964 年，把我调去搞"四清"，到阳江，一搞就搞了两年。到 1966 年夏天，一个电报要把我调回广州，要参加"文化大革命"。

当时很紧张，调回去什么都不（让）干了，要我先看大字报。那个全社的大字报，95%是针对我的。因为那个时候我已经出来 6 本书了。当时在社里面针对两个人，一个是当时的负责人，副社长，叫杨重华，我（也）是一个，那时以我为主。

回来不久，全省的文艺界开大会，动员大会，广东省文艺界"文化大革命"的动员大会。大会上就点了好几个人，其中有我。我有 6 本书，他就指定其中一本《巨人和狼》。（我）觉得奇怪，那时候我出了 6 本书，其中有 5 本都是国际杂文，针对美帝的，反美的，为什么偏偏举这一本呢？还有一本就是《当你还是一朵花》。当时把我抓起来，里面有一个小房子，不准我同外界任何人联系，每天批斗，我一共被批斗18场。

不准我回家，抄我的家抄了三次，什么都抄，把我家里所有的书都收起来，集中带回出版社，一共用了7部三轮车装我的书，总之要从里面找到我反动的东西。当然找不到了，但是也斗了我18场。《当你还是一朵花》的遭遇，在"文化大革命"里面，那可以说是很重的了，我可以说是成为一个重犯了。

到了1968年，把我送去干校，干校去了三年。在里面做苦工，我什么工都做过了，伐木工、泥水工、建筑工，还有打铁工，什么工都做过。到林彪事件之后，（出版社）才把我要回来，林彪事件是1971年了。

我算是解放了。当时广东人民出版社恢复，（之前）那个时候没有人民出版社了，改名了，改为毛主席著作印刷发行站，（后来）那时候就恢复了，你应该记得黄文俞同志。

高小莉：记得。

岑桑：他是宣传部副部长，兼人民出版社的革委会主任，从干校点一些人回去，点了我，首先点我，还有其他到报社的、社科联的、宣传口的，点了几十个人回到出版社，把出版业重新恢复过来，那我高高兴兴回出版社了，也准备认认真真地干一场，哪知道又碰上厄运了。

有一次开会，刚回去不久，开会，在党小组里面，我讲我很高兴回到出版社，现在出版事业已经"死灰复燃"了。马上有人说我。你为什么要讲"死灰复燃"？难道我们党的事业已经死去了吗？说我反动，没有改造好，发动全社来批判我，党外批，党内批。我心目中有一个很尊敬的老作家，我看他怎么表态，我估计他会与众不同，但出乎我的意料之外，他也一样，我很伤心，连那么简单的问题也看得那么严重。

我就找黄文俞同志了，我要求把我送回干校。因为当时只有我一个人出来去出版社，黄文俞同志说，人家想出来都出不来，你还要求回去。

黄文俞原来是宣传部副部长，兼出版社的革委会主任。既然他叫我不要再提回干校的事情，没办法，（我就）继续干下去。

很多年之后，我是1971年回来，1983还是1984年才恢复我（的工作），让我当社长兼总编辑。我到1990年才退休。在这几年中，有一些事情受到很多挫折，受到很多委屈。比方《人啊，人！》。

1979年，全国的第四次文代会，我当选为出席代表，当时广东几个人，黄秋耘是其中一个，他当时是出版局的副局长，那个会使我很受鼓舞，邓小平同志亲自来，代表中央致辞。

那个场面很感动的，那些作家在那些年受尽了委屈，有的人包着头去，有的人挂着拐杖去，名作家，很有名的作家。我们住的那个宾馆，有一个妇人，我亲耳听见她讲，她说你们这个会最惨了，我们这里开过会，没有见过像你们这样的，好像我们这个宾馆是为医院设的。

回来的时候，黄秋耘说上海有一个女作家叫戴厚英，她有一部作品准备要出，上海文艺出版社已经答应给她出，那本书是写她自己同一个著名诗人恋爱的悲剧，那个诗人叫闻捷。

"文革"时期，闻捷当年是专政对象，戴厚英是他那个小组组长，本来是管他的。但是她在管他的过程中同他发生感情，她觉得这不是一个反动的作家，是被冤枉的，很同情他，同他相爱。由于闻捷是一个专政对象，她自己是管理他的，所以组织上不同意她同闻捷的恋爱，后来就造成了悲剧。闻捷是自杀的。

那本书叫《诗人之死》。

上海文艺出版社已经答应了要出版，但是还没有出版。黄秋耘叫我跟她联系，把《诗人之死》拿到广东来（出版），看她愿不愿意。我从第四次文代会回来，马上跟她联系，她说这本书的出版又有转机了，又有可能出了，我不能给你了，我正在写第二本（书）《人啊，人！》，我第二本（书）给你好不好？我答复她，好，欢迎，把它写（出）来。后来真的把书拿来了，我觉得写得很好，但是书的内容同"四人帮"锁定的禁区刚好对上号，所以不能出。

那时候虽然"四人帮"已经下台，但是那种黑色的势力还是很严重，还是很顽固。如果要出这本书，一定会遭受很多阻力。另外，戴厚英在"文革"时期，因为她很年轻，所以被人利用来对付一些老专家，人家叫她"小钢炮"。如果出她的书，在上海一定惹众怒。

这本书虽好，要出，肯定遭受很多反对的意见。那怎么办？但这么好的一本作品，如果把它压掉，很可惜。那时候我已经是副总编了，我管文艺的，我有权（决定）出不出。

但是我还有上头，上头就是黄秋耘。我想要（自己）安全的话，（可以）送给他由他来定。因为他是从延安回来的，人很稳重，我估计通不过，一定"枪毙"的。所以为了出这本书，我没有通过他，由我来牵头，我按加速键把它发出去了。

我的选择，我要自己负责。另外我觉得如果让他"枪毙"了，那是太可惜了这本书，太可惜了！那个书用最快的速度送到印刷厂以后，我们有一个副局长，刚刚从上海回来，他一回来就找到我，他说是不是戴厚英的书要出，马上停止。我说来不及了，我已经印了。他说你知不知道一定会犯大错误，一定会出大问题！我说我已经有这个准备了。他说你马上把它收回来，我说不收了，收不了了，出什么事我负责。他也没有办法了，书已经印好了。1981年书在春节期间出来了，一出来马上引起轰动，很快就卖光。大家奔走相告，抢着来买，抢着来看。上海知道这个事情就不得了了，很多人把它当作一件大事，对广东有很大的压力。

广东做了一件不得了的大事，大家都为我担心，当然也为作者担心，作者在上海也站不住了，我们就把她接过来。接来广州。

我们几个同志都很爱护她，觉得这个作者不但是这本书写得好，为人也非常好，很开朗，所以我们就把她保护起来。我们几个人让她在我们家里吃饭，这里住几天，那里住几天，后来还把她送到乡下，躲起来。领导不能不管这个事，突然有一天通知我，让我到宣传部去。我当然要去了。那天 4 个正副部长都在。要我交代问题，把这本书的来龙去脉讲出来，（讲）我自己对这本书怎么看。我一直认为这本书是一本好书，将来在文学史上是有地位的。我到现在还是这样认为。我说这本书我负责，这是我同意的，是我签发的，几个部长没有批评我，我觉得很奇怪，其中一个副部长还说我光明磊落。

过了几天作协又开了一个会，临时扩大会议，也要我去交代问题，省委副书记管文教的吴冷西也参加。同样要我交代问题，讲来龙去脉，讲我现在的看法，我照样讲。我估计有很多人趁机会整我，奇怪的是一个人都没有，没有一个人说我批评我，包括吴冷西也没有。所以我心里觉得领导是英明的，有清醒的头脑，不是人家怎么讲就怎么样，他有他的看法。也没有人要我写交代，没有一个人要我写检讨，我一句检讨也没有写过，这个事情轰轰烈烈，全省各报有很多批评文章，也有两三篇是正面的，但比起那些（批评）差得远了，批评我的占绝大多数。

高小莉：这本书的出版是一场壮举，也算是您的人生中浓墨重彩的一笔了。

岑桑：作为一个正直的编辑，应该这样做。从我一生来讲，我认为这个事情是很值得的。

高小莉：很了不起，接下来我们讲讲《岭南文库》。

岑桑：1984 年，广东开一个全省的出版工作会议，当时我是作为出版社的社长参加这个会，我在会上提出来，我们广东出版事业没有一个重点的工程，应该出版一套有分量的、大型的出版物，我提出要出版《岭南文库》，这个名字也是我说的，通过这一套丛书把岭南历史文化全面地加以表现。我这个意见得到参加会议的人的赞成，大家都表示愿意参加。

当时省委副书记谢飞，那个时候他还是副书记，后来才当政治局委员，他在总结的时候肯定了我的建议，让当时参加会议的出版局局长罗宗海落实这个事情，要办这个事。

开完会之后，由于种种原因，（包括）经费原因，还有很多技术上的原因，怎么样出版，怎么样合作，怎么样动员全省的力量……很多问题难以解决，所以一拖就拖了5年。到了1989年，省里的几位领导，（包括）宣传口的几位领导，部长、出版局局长，到全国兄弟省份去参观，去取经，特别是关于出版方面的。大家也感觉，我们广东没有一个重点工程，想起《岭南文库》，想起我的那个建议，觉得应该搞，于是成立了广东省重点图书策划领导小组，由出版局长、宣传部部长（牵头），几个人把我拉去开过一次会议，成立会上指定我，让我来操办这个事情。我接受了这个任务，马上开展工作。这个事情我也很乐意接受，因为是我提出来的。1990年动手了。

马上组成一个编委会，（定下）编委会主任、副主任之类，叫我当执行副主任，做具体工作。当时出版局给了我5万块钱的启动费。

很快组织编委会、出版部，出版部放在（广东）人民出版社，但它是独立的，省委宣传部部长任编委会领导。1993年出第一批书。那时经费有问题，只有5万块钱，你出一本书起码2

万多块钱成本，顶多出两三本书。那我既然接受了这个任务，经费怎么解决呢？只有想办法。我有一个老同学，同我很要好，（我）要他支援。

杨资元是我的中学同学，（我们）大学同校，他也是中大的。我是法学院，他是文学院，是很好的朋友。他当时是广州市的市长，快要到任期了。他还在（广东）中华民族文化促进会当副会长，会长是叶选平。我请他（杨资元）支持《岭南文库》丛书的出版。

他说回到广州同叶选平商量，叶选平很支持，每本给4万块。所以头一批书，都是中华民族文化促进会给的钱。到1993年出第一批18本，参加了书香节。

学术界很欢迎，大家很高兴。因为（学术图书）过去没有机会出，没有地方出，那现在有了，所以很支持，很快（编辑部）就得到很多稿件。杨资元支持，叶选平支持，那就好办了，成立一个出版基金会，第一批基金（广东）中华民族文化促进会出150万元，广东人民出版社出150万元，宣传部出150万元，一共450万元，其他不算。

当时利息很高，一年20来万（元），可以出好多书。慢慢地，利息越来越低，钱越来越少了，现在一年才20来万（元），只能出几本书。现在每年都是宣传部补助，或者是出版集团补助。

高小莉：这个丛书还继续在出？

岑桑：继续（在）出。

高小莉：总共出了多少本？

岑桑： 140 多种。另外还出了一套普及的姐妹丛书，叫《岭南文化知识书系》，这套出来 200 多种了，那两种合起来 300 多种，差不多 400 种了，还是要继续出版下去。现在的情况就是这样。

黎子流他们有一个广府人联谊会，要出一套《广府文库》，像《岭南文库》那样的，但它的范围小一点，他要我当主编，现在正在筹备。

高小莉： 94 岁，当主编。

岑桑： 这三套书都是我当主编。

高小莉： 目前您还在担任这三套书的主编？

岑桑： 《广府文库》，要我当主编，前面两套都是执行主编。老规矩，主编还是宣传部部长。

高小莉： 那很厉害，现在您 94 岁了，每周还要回去工作一次？

岑桑： 回去半天，其他事情就在家里通电话。

高小莉： 您太厉害了，太了不起了，还要做这些工作，60 多年了，您没有做腻吗？没有做烦吗？

岑桑： 很有乐趣。《广府文库》第一批出 5 本书，明年春节前后就会出。

高小莉： 太了不起了！90 多岁了，每周还要去上班。为您点赞。接下来我们谈谈您的写作。岑桑老师，我们知道您是著名的杂文大家、散文大家，在这方面非常有影响，很多人都读过您的书，受您精神的鼓舞，比如您的《当你还是一朵花》，最初发在《羊城晚报》的一个专栏，然后把它结集出版，1962 年出了第一版，然后再版了重印了 12 次，发行了 50 多万（册），非常厉害。从作家的角度，请您跟我们分享一下您的写作和写作过程的故事。

岑桑：我出生在一个华侨家庭，爷爷在美国当矿工。他赚点钱，回来从商。我父亲爱读书，爱买书，爱藏书，爱画画。所以我从小有很多书看，习惯就是看书。刚刚念中学的时候抗战，抗战的时候，从顺德逃难去了韶关。那个学校的校风非常好，读书风气非常好，那里有很多进步的老师，有很多地下党员，教我们念什么书、做怎么样的人。（那所）中学叫志锐中学。

我从小就喜欢文学，初中的时候已经发表第一篇短篇小说，叫《停膳》。写一个穷学生交不起膳费那种困苦的生活。那份杂志叫《学园》。《学园》在粤北文理学院，是进步师生办的，很受中学生的欢迎。那篇文章的发表，对我是很大的鼓励。那是 1942 年。

到了 1944 年，日本人来要打通粤汉线，当时我逃到贵州去念高中，学校在安顺，叫黔江中学。那个时候日本鬼子占领了湖南，湖南原有一份报纸叫《大刚报》，有副刊。我寄稿子到贵阳的《大刚报》去发表（报纸从湖南临时搬到贵阳），开始用岑桑作笔名。我原名不叫岑桑，后来连姓名都改为岑桑了。念高二念到半路，日本鬼子又打到贵州，占领贵州南部的独山，学校也停了，吃饭成问题了，为了吃饭，当了两三个月的小学教师。日本投降，我就马上考大学，（当时）中学没有毕业。那时候大学是自主招生的，有同等学力可以考，念到高二就可以了，我靠同等学力考上了两间大学，第一间是贵州大学英语系，第二间是广西大学农学系。那时候广西大学从广西搬到贵州榕江。

两间都考上了，我去哪一间呢？我决定去广西读农学系。我想读农学系，因为那时候离开家乡太久了，对家非常想念，对故乡非常想念，家里有几亩田，我打算将来自己种种田，过田园生活，与世无争，所以我就选广西大学农学院。

1945 年日本投降了，广西大学派一个人从贵阳把我们考上大学的人带去榕江，怎么去呢？从贵阳下独山，然后乘船，沿江走到榕江，两条小船，一条船带七八个人，我坐第二条船，与前面相隔不远的。我们刚考上大学，大家很高兴，一路唱歌。要过三条滩——大难滩、二难滩、三难滩。

那个江不宽也不深，但那几个滩是难滩，一滩比一滩难，我们坐小船跟着前面的船，你唱歌，我唱歌，你唱一次，我唱一次。过了一滩，没有什么。第二滩更难一点，也没有什么，过去了。剩下第三个了，第三个是门口滩。过门口滩安安静静，要过了，大家非常高兴，唱歌，突然轰隆一声，触礁了。船断了。

我们都掉到河里去，行李、棉被什么都（掉下去了），那是夏天，我们都会游泳，离岸上也不远，那个行李随河流漂（走）了，我们追，跟行李赛跑，追过去把行李捞回来，太阳很猛，把东西摊开，很快就晒干了。那个船家一家四口，他们那个船破破烂烂的，捡回来，在岸上晒干它。没办法再前进，一半儿路都没到，怎么去呢？回独山，把东西卖掉。半路有一个地方叫渡江，在渡江那里摆在地上卖，很便宜的价格卖掉它，鞋、袜子、被褥都卖掉了，我就打算回广州了。广州解放了。

那时候有很多美军，运输车从贵阳经独山下柳州，班主任借的（车）钱，有一些美国军开车，很容易（让他们）停下来，让我们搭顺风车，有一部希腊人开的，我用半懂不懂的英语跟他讲：载我到柳州。他很开心，免费把我送到柳州。送到柳州就好办了，坐船回去，不用多少钱。我的姐姐在广州，离我的家乡顺德也很近。所以我就这样回了广州。

去广西大学的计划破灭了，那时候我决定在广州念大学了。广州只有广东省华商学院和广东省文理学院两个大学，中大那时候还没有搬回来。我先考华商学院的社会学系，考上了，在华商学院念了一年，中大搬回来了。我考中大考上了，在中大念的二年级。

毕业时刚刚解放。1950年，我就（回广州）参加工作了。最初也是教书，在市四中。教了半年，广州市文教局把我调去。（当时）我已经写了不少东西，（内容）有很多是（关于）抗美援朝的。调到市文化局，（文化局）最初是文教局，1953年改为文化局。教育局和文化局分家，把我放到文化局电影科。我一开始说的《电影与观众》，（我就）在那里当编辑。

后来成立了广州市影剧场公司，那时候实行私营工商业改造。我参加工作，还得了"广东省文化先进工作者"，先当科长，后来把我提升为影剧场公司副总经理。就是从那调去广州文化出版社的。

我回来一念大学就开始写，那时候有一份报纸叫《建国日报》，里面也有《国风》（副刊），国家的"国"，风光的"风"，我几年时间写了七八十篇东西，我现在都有剪起来（保存）。那时候不断地写，到了抗美援朝，我在广州人间书屋出了我的第一本书，《廿世纪的野蛮人》。

我是没有假日的，我的星期天都用来写作，星期六晚上是我写得最多的时候。

高小莉：您的故事太曲折、感人了。您的思路这么清晰，记忆力真好！广东要建一个文学馆，您知道吗？

岑桑：我去开过会。

高小莉：以后您的著作可以捐赠给广东文学馆。

岑桑：我写了30多本书，现在能找得到的只有20来本，我都打算送给文学馆，看给你们（带走）还是怎样。

高小莉：他们会来联系您，我倒有个提议，您出版戴厚英《人啊，人！》，这个故事特别精彩，如果您有跟她交往的信件，可以给文学馆。

岑桑：信件我都给回她女儿了，有很多信件。

高小莉：您跟她在出版过程中的通信和照片，那是非常有历史意义的，您都给她了？

岑桑：所有的信件，有100多封，她女儿出国了，本来想出一本书信集，所以把我的信都要去，后来没有出成。

高小莉：这个很有意义，我觉得这在中国文学史上应该是一件（大）事情。

岑桑：戴厚英还有一些手稿在我这里，她的手稿，我留下来了。还有一些纪念她的文章。

高小莉：这一类也是可以给文学馆的。岑桑老师，想听您对我们后辈的作家说一些勉励的话，我们应该怎么写作？

岑桑：这个不好说。

高小莉：您谦虚！

岑桑：我一生有两个"业"，主业和副业，主业是编辑，搞了几十年了。副业是自己创作，副业的时间比主业还要长。我坚持的是所谓一念执着，一生坚守。我从来没有考虑过要转行，哪怕是最辛苦的时候，哪怕是最痛苦的时候，我都没有想过要转行，本来我可以有机会转行。比方作协，曾经很多次通过秦牧动员我去，我都没有去。

在编辑工作方面，有一个很重要的刊物要我去，在北京，请一个省里领导出面。我不愿意去，我说我怕冷，在广东，10（摄氏）度我都觉得很难受，北京我受不了，我不想去，而且我很喜欢在广东的工作，我舍不得离开。

我刚刚从干校调回来，受到"死灰复燃"那件事情的（影响），曾经想回到干校去，除了这个，我没有想（过）离开广东人民出版社，一直到现在。

高小莉：今天受到很多启发和教育，作为写作的后辈，向您致敬！非常感谢您！

岑桑：很高兴。

2020 年 8 月 6 日这一天，阳光猛烈，热浪蒸腾。在岑桑先生简朴而又书香浓郁的家中，我们的采访进行了两个来小时。考虑到老人家要休息，原本计划一个小时之内结束的，但话匣子打开，他的精神状态很好。他是那么谦逊、和善，跟我们影像组每个人聊天、说笑，让保姆端茶倒水。他习惯坐的那个位置在空调出风口下，原来是很柔和的风，后来看到我们几位摄影摄像的师傅满头大汗，他找来遥控，把风调大。我怕风太大冻着他，但是他一再说没关系——他是担心我们太热了。收工时，我们打扰了他觉得很过意不去，他却一再说：没有关系，我很开心，你们辛苦了。跟我们合影，又拿出他的书，签名送给我。

8 月 26 日对他的采访，主要是在广东人民出版社拍摄他的工作场景。到了《岭南文库》编辑部我才知道，他去上班是真正地上班，并不是只挂个名。一会这个拿个稿件要他签字，一会那个拿个单据要他签名，忙得不亦乐乎。也就是说，他这个执行主编是要干活的。望着眼前 94 岁的老人，我为自己时常偷懒感到惭愧。生命就是个奇迹，只要你相信奇迹。

我问他长寿的秘诀是什么，他哈哈一乐，满脸阳光。他乐观洒脱的情绪很感染人，他的回答更是让我茅塞顿开。

"第一，不要去体检，人上了年纪，肯定有这样那样的毛病，就会担心、焦虑，加重身体的负担。第二，有病就去治，乐观面对。第三，工作，无论多大年纪，做自己喜欢的工作。"

后来我才知道，他已经抱病多年，而且动过大手术。他一方面与病魔抗争，一方面以忘我的状态继续工作。只要活着一天，就绝不停下前行的脚步。即使是生命最后一刻，在垂危的状态下，也给同事陈海烈打电话，告诉他明天的会议不能参加了。

2022年3月4日上午，在岑桑先生的追悼会上，他的儿子岑之邦的悼词中有一段话：对于生死他是乐而观之的，他曾在一篇名为《死不去》的作品中最后写道："当到了再也不能盲目乐观地自以为还未'到此为止'的时候，我会对自己说：'老头，你的风雨人生，虽则苦涩多于甘甜，……但老天爷该给的都已给你，自应知足和无憾了……上路吧，手巾牙刷、随身行李都不必带了！'"

在岑桑先生的客厅，有一副对联：俯仰无愧天地，褒贬自有春秋。

岑桑先生走了，他亲切的话语，温暖的笑意，谦逊的姿态，睿智的眼神，依然在我眼前。就让时间停留，让花儿灿烂，因为，他就是一朵永不凋谢的花！

2022年3月29日　广州

2022年4月5日　修改

怀念岑桑同志

金炳亮

上个世纪九十年代中期是我作为文学青年的黄金时代。我连续在报刊上发表各类文学作品，偶尔得点小奖。其中《梦鱼——故园的伤感》获得某征文比赛的第一名，奖金 1500 元。我当时每月工资三四百元，这算是一笔巨款。颁奖仪式在广州东方宾馆举办，给我颁奖的就是岑桑同志。我的供职单位是省新闻出版局，他是广东出版名人，因此我久闻其大名，不过这是我第一次这么近距离接触到他。

八年后我调任广东人民出版社总编辑。赴任之前，俊年同志（时任省出版集团董事长）带我去见岑桑同志。那时我并不知道岑桑是俊年进入出版界的伯乐，也是他在出版界的老师，他带我去看望岑桑，实有深意在焉！因为动了大手术，岑桑已经在医院住了几个月。在医院窄小的病房，岑桑与俊年像家人一样聊天，一个话题接着一个话题。当问起我的情况时，我提到上述往事，他连说这是缘分，人民社需要年轻新鲜血液，出版工作大有可为。

在人民社任职的十年（2002—2012），我与岑桑逐渐熟悉。其时，人民社已大体完成一轮新老交替，一批德高望重的老同志在办理离退休手续之后，由社里返聘，其中最为员工爱戴的是所谓"三老"：侯毓霖是"校对王"，最年轻，但也快七十了，所有员工一律叫他"侯叔"；卢权老社长居中，他是我中大历史系的师叔，党史专家，他爱人禤倩红老师在中大历史系任教，我读本科时是她讲授中国现代史课程，所以我叫他"卢叔"；岑桑年近八十，他是老作家，曾任人民社社长兼总编辑，我叫他"岑总"。他用粤语叫我的名字——全出版社只有他这么叫。我名字的粤语发音（Ben Leng）由他的大嗓门叫起来，颇有一种山崩地裂之势，虽然别扭，但很有趣！

"三老"的共同特点是全身心热爱出版事业，爱到了"以社为家"的地步。侯叔在社的各种活动上"最露脸"，他挂着傻瓜相机随处溜达，一丝不苟给人拍照的样子，远看像记者，近看像一个顽皮的小孩。卢叔身材魁梧彪悍，踩单车上下班却有如飞燕，怎么看也不像七十多岁的老人。岑总的大嗓门可以从走廊那头（他的办公室）传到这头（我的办公室）。通常是周一上午，他会事先不打一声招呼，急火火地走进我办公室，后面仿佛追着一阵风。每回他都是进门坐下就谈工作，谈完立即走人。夏天他总是穿短裤凉鞋，我办公室开着空调，他也直呼太热，要我把电风扇开到最大。这般火热的激情极其感染人，这或许是大家无论年龄大小，都将他视为良师益友的原因吧。

俗话说，家有一老，如有一宝。何况是"三老"呢？侯叔与岑总是"大跃进"时短暂成立的广州文化出版社同事，该社存在不到一年即撤销并入广东人民出版社，十几个员工人随社转。卢叔原在省哲学社会科学研究所（今省社会科学院）工作，1971年出版工作百废待兴，主政人民社的黄文俞调入一批业务骨干，卢叔从临时下放的"五七干校"到人民社上班。在经历了多年不断折腾的"运动"之后，广东出版人摩拳擦掌，"三老"正当盛年，遇上好的领导（黄文俞、杨奇先后主持人民社的工作），更放开手脚大干一场了。上世纪八十年代，广东出版事业大放异彩。"三老"躬逢盛世，侯叔兼任了校对科和总编室两个重要岗位的领导，岑桑在1984年任社长兼总编辑，1986年将社长之位交棒给卢叔。人民社在先后分出科技、花城（文艺）、岭南（美术）三家专业出版社之后，仍能发展迅速，取得在全国出版界的领先地位，"三老"厥功至伟！

我到人民社之后，"三老"都已离退休，但年年返聘。侯叔天天来上班，他和校对科的女同胞相处像家人一样，哪天他要不来，大家会念叨是不是他身体出状况了。卢叔负责党史方面的读物，尤其学术辑刊《广东党史资料》更是他一手包办。岑桑最为年长，可是精力也最旺盛。他退休后一手创建的《岭南文库》编辑部，人员都是他亲自选定，所有文库图书，从确立选题到编辑出版，他都亲自审定、签发。《岭南文库》名声在外，但他并不满足，一直希望拓展边界。其中一个重大举措

就是推出普及本《岭南文化知识书系》，每种图书五六万字篇
幅，定价四五元。这些定价低、内容通俗的插图本图书推出之
后引起广泛关注，一些单位找上门定制出版。农家书屋工程实
施时，我抓住时机，数十种文库普及本被新闻出版总署列入农
家书屋书目，占了社里上报品种的大头。政府财政大量采购，
加之回款及时，极大缓解了编辑部的经济压力。

　　2011年是人民社成立60周年。我从年初开始就进行了全社
动员，准备搞几个"大动作"。经过周密策划，我们出版了一本
大型画册。与以往以图片为主、辅以出版社情况介绍的纪念画
册不同，这次我们从三个方面组稿：一是征集书画，其中不乏
名家大作；二是向作者和新老编辑征文，得到热烈响应；三是
老同志访谈，其中老领导罗宗海（曾任人民社副总编辑、省新
闻出版局局长）和岑桑都是我自己去做的。通过岑总的关系，
省委原书记、书法家吴南生为画册题写书名《岭海书香——广
东人民出版社60年发展历程》。十多年后回头来看，这本画册
留下许多珍贵的社史资料。另一本书是《书香四溢大沙头——
广东人民出版社六十年六十本书》（大沙头四马路10号是人民
社所在地），我们从人民社60年出版的上万种图书中选出有代
表性的60本书，以书影、内容简介、图书评论的方式结集出
版，以"图书史"的方式呈现人民社的历史。该书由岑桑同志
题写书名。据说他的"蚯蚓体"书法条幅还有一定知名度呢！

　　60年社庆当年8月在广州花园酒店隆重举行。我比较满意
的是两项活动：一个是社史回顾图片专题展，图片放大后就摆

放在会场的两侧，这可以说是人民社有史以来内容最详尽、规格最高的展览了；一个是授予社龄 30 年以上的员工为人民社"功勋员工"，给他们披上绶带，并由新闻出版总署、省政府及省新闻出版局、省出版集团的领导在社庆典礼现场颁授勋章。"三老"当然是功勋员工。他们集体列队，上台接受颁奖的场面令人动容！

有关社庆的种种策划我在年初就向岑总征求意见，他深为赞许。没有他的大力支持，活动不可能这么成功。

侯叔是 2011 年走的，2020 年后，罗宗海、卢权、岑桑先后远行，上世纪八十年代的广东出版家群体渐成记忆。2016年，我退出出版业一线回归学术。研究广东出版史，成为我维系出版界关系的纽带。我在主编《岭南文化辞典》新闻出版卷的时候，就特别关注为粤籍出版家立传。"三老"入传，理所当然。

粤港澳地区在近现代出了一批出版家：晚清有中国最早参与创办中文期刊的梁发，有报人冯自由、黄世仲等；民国时期有数次拯救商务印书馆的王云五，创办《良友》画报和良友出版公司的伍联德。中国共产党的新闻出版事业，粤籍文化人更是灿若群星。吴冷西（曾任新华社社长、《人民日报》社长兼总编辑），王匡（曾任国家出版局局长、香港新华社社长），刘思慕（曾任香港《华商报》总编辑、上海《新闻日报》总编辑、世界知识出版社社长兼总编辑），沙飞（人民摄影事业创建者，创办《晋察冀画报》——《解放军画报》前身），陈原（商务印书馆总经理兼总编辑，创办《读书》杂志），许力以（曾任中央宣传部出版局局长），梅益（中国大百科全书出版社首任社长兼总编辑、《钢铁是怎样炼成的》译者）是其中的佼佼者。黄文俞、杨奇、黄秋耘、罗宗海、岑桑、卢权等，在上世纪七八十年代担任广东人民出版社领导，为广东出版事业在全国先行一步改革开放，做出巨大贡献。他们无疑也是粤港澳出版家群体的一员。

1971年省委派黄文俞到人民社主持工作，亲自点将，将岑桑从"五七"干校中调回。岑桑枯木逢春，在全省培养、提携了一批文艺苗子。俊年同志就是他从报上读到其作品，欣赏其才华，未等大学毕业就先借调到出版社，毕业后安排到人民社文艺编辑室（岑桑是编辑室主任）工作的。1979年秋，黄秋耘、岑桑作为广东文艺界的代表，赴京出席中国文学艺术工作者第四次代表大会。此后，文艺界、出版界由"文化大革命"的重灾区，一跃成为改革开放后解放思想的排头兵。

短短一年多时间，岑桑带领文艺编辑室同仁创办8种文艺丛刊，分别是大型文学期刊《花城》、散文丛刊《随笔》、诗歌丛刊《海韵》（后改名为《青年诗坛》）、国外文艺丛刊《译丛》《译海》，以及文化丛刊《旅游》（后改名为《旅伴》）、《风采》和《影视世界》。当时，人民社还创办了连环画报《周末》、美术丛刊《画廊》、漫画丛刊《剑花》，以及青年杂志《希望》。在号称中国出版"丛刊年"的1980年，广东人民出版社的丛刊出版，可以说极一时之盛！这些丛刊，普遍受到读者欢迎，单期发行量多者数十万册，少者也有二三万册，成为 1981 年组建花城出版社、岭南美术出版社的基础性工程。身处文艺浪潮前沿的岑桑组织出版了两套文艺丛书：《潮汐文丛》集中反映了粉碎"四人帮"后涌现出来的新时期作家面貌，《越秀文丛》收录省内作家最新创作的文学作品。两套丛书均选取作家最新的代表性作品结集，每人选编一本。可以说囊括了新时期主要的代表性作家，包括张洁、刘绍棠、刘心武、邓友梅、王蒙、从维熙、林斤澜、梁晓声、谌容、韩少功，以及广东的陈国凯、吕雷、孔捷生等。1984 年岑桑担任社长兼总编辑后，加快推动广东教育出版社、新世纪出版社挂牌成立（1985 年获批）。岑桑任社长当年，适逢《中英联合声明》签署，香港即将回归祖国的消息令他异常振奋，他立即着手筹办《香港风情》杂志，1985 年 6 月正式创刊。刊名由岭南画派大师关山月题签。杂志期发行量高达 40 多万册，并且直到香港回归，都是内地唯一一份以香港为专题策划的综合性杂志。

岑桑敢想敢干，不惧风浪。这一性格特点不仅表现在他的诸多文艺作品，也反映在他面对争议作品，在编辑出版时的沉着和抗争。岑桑组稿的戴厚英长篇小说《人啊，人!》，编辑出版过程阻力重重，为不连累其他领导，他顶住压力，"将书稿按急件签付印"。出版之后，首印销售一空，却在文艺界掀起轩然大波，成为久经风浪的岑桑编辑出版生涯中最难忘的经历！张洁的小说集以她颇富争议的中篇小说《爱，是不能忘记的》为书名，某领导仅仅因为书名中出现了一个"爱"字，便

"坚决反对以此篇作为张洁小说集的书名"。张洁很执着,一度"要求收回原稿,不给广东出版了"。在黄秋耘(时任广东省出版事业管理局副局长)支持下,岑桑仍用原书名出版。《香港风情》出版时,有人反映"风情"之名不好(碰巧创刊号封底又是香港美女大彩照),有"卖弄风情"之嫌,岑桑不予理会,指示在下一期封面"展现香港风貌,透露香港世情",一方面宣示办刊宗旨,另一方面也可以起到"以正视听"的作用。

岑桑用他的出版利器,为改革开放鼓与呼。他与广东出版的改革开放,已然全身心地融为一体了。毫无疑问,岑桑与广东改革开放初期文艺界、出版界的关系是值得大书特书的。包括岑桑在内的粤港澳出版家群体,是值得我们深入挖掘的富矿,他们的出版事迹值得我们书写,他们的精神风貌,我们必须传承并且发扬光大。粤港澳出版家群体有一个共同特点,就是他们强烈的使命感。他们是时代的一粒微尘,但他们尽力地改变这个世界,并推动时代的进步。岑桑给出版集团的高级读书班讲过一课,题目就是"编辑的使命感"。他说,编辑的使命感应该是与生俱来的,是由这个职业的特性所决定的。这不禁让人想起前辈出版家的话。创办广雅书局的张之洞说:"人自问功德著作不足以传世,则莫如刊刻丛书以垂不朽。"主持商务印书馆的王云五说:"文化的充分发展不能不有赖于出版品。因此,出版之起源愈早,即为文化发达愈早的明证;出版的产量愈多,即为文化发达愈高的表现;某类出版物的产量最多,亦即各该国家对某一方面的文化发达最高的象征。"出版是一个小行业，小到全中国出版业年产值，还不如一家头部房地产公司——当然更比不上一家互联网大厂了，可是它影响于国家社会，影响于世道人心，或许是其他任何行业难以企及的。岑桑强烈的使命感，或许是驱动他奋战出版一线长达 60 多年的动力所在吧。

去年，为纪念人民社创建 70 周年，我受人民社的委托，撰写了十余万字的社史初稿。11 月，我携稿专程赴南海，征求他老人家的意见。我已三年多没有见到他。他刚出院不久，看起来苍老了许多，耳朵背得厉害，但仍然是一副紧迫的样子，一边与我寒暄，一边接听电话，中间还来了一拨顺德电视台的记者采访。95 岁高龄的老人，如此高效率地工作，令人赞叹不已！只用了不到一个星期，他就看完稿子，几次来电催我见面。我再次前往南海。他写了一个书面意见，像往常一样，是自己坐在电脑前面一个字一个字敲出来的。他对拙稿评价甚高："这是一部值得推荐的准确而且周详的力作，著者显然是遍寻史料、广访知情者方郑重落笔的。即使就此推出，已属一部好书。"同时指出不足，一是有关"社风"鲜有提及，他认为这"是最不能等闲视之的安身立命之本"，应展开论述；二是历任领导的功过大都略过。关于人民社的"社风"，他认为可以概括为"审慎、准确、稳健、一丝不苟"，又一个一个地向我解释。显然，这十个字，是经过他深思熟虑、反复琢磨的。我认为，这十个字也是他终生献身于出版事业的真实写照。

不到三个月，他竟然仙逝。12 月我们还一起参加他老人家心心念念的"《岭南文库》三十周年学术座谈会"，他还在会上做主旨发言，还在构建文库将来发展的宏图远景。生死自有定数。像岑桑一样，可以为出版事业奋斗终生，应该也是一种福分。高龄而走得安详，则是一种福报吧。

2022 年 6 月 2 日完稿

春风化雨细无声

吴茂信

　　在关于人生调查的问卷中，常常见到这样的设问：对你影响最大的书是哪一本？如果问到我，我会不假思索地回答：是《当你还是一朵花》。1962 年我师范学校毕业，刚刚走上小学教师的岗位，星期天逛新华书店，发现很多人在争购一本叫《当你还是一朵花》的书。也许是自己正当青春年华的缘故，书名特别让我喜欢，便毫不犹豫地购买了这本书。回到学校打开书阅读，立即就被吸引住了，一口气把全书读完，感觉如坐春风，就像一位学识渊博而又与你十分贴心、十分友好的长辈在与你促膝谈心，句句话语都沁入心田。过后，又不时翻开一两篇反复阅读，从中吸取营养。作者不居高临下，而是在娓娓道来之中与你交流，让你倍感亲切。书里谈到年青人如何立志、如何待人处事、如何对待困难、如何学习钻研等等。尤其是《闹市求前》这一篇，鼓励年青人不管顺境逆境都要艰苦奋斗、锐意进取，像在闹市的人流中挤出一条路，一步一步地往前移动。这篇文章对我的影响极其深刻，读完文章我就郑重其事地写下"闹市求前"四个字压在办公桌的玻璃板下面作为座右铭。这四个字一直激励着我积极工作，勤奋学习。那时候我丝毫没有成名成家的追求，心里紧紧记住师范学校老师的教诲："你要给学生一杯水，自己起码要有一桶水。"要用知识把自己丰富起来，不能误人子弟，要当一个合格的人民教师。我把《当你还是一朵花》这本书推荐给学校的同事，把书借给他们，读了这本书的青年人都爱不释手，读完又转传给他们的朋友，一直在传阅，最后书追不回来了。可见受这本书影响的人非常多。

当时我由于喜欢读书，又喜欢文学，在书刊上读过一些岑桑老师的诗歌，知道"岑桑"这个名字。但《当你还是一朵花》作者署名"谷夫"，我并不知道这本书是岑桑老师的作品。真正见到真人已经是 12 年后的事情了。其间的 12 年，发生了太多的事情，每个人的生活经历也都在变化。我从小学到中学执教，又从剧团编剧调到文化馆当创作辅导干部。那时广东人民出版社一位科长胡基德调到海康当教育局局长，我和他攀谈时才知道谷夫是岑桑老师的一个笔名。

广东历来重视创作人才的培养，上世纪七十年代举办一系列的创作学习班，辅导重点作者。这些作者后来都成为广东文艺界的创作骨干，还有多位作者成长为文化艺术部门的领导。1974 年 8 月，广东人民出版社在增城三江公社举办一期创作学习班，主要任务是由作者修改准备采用的稿件，改好以后再创作新的作品。我由于接通知晚了，没赶上集体出发的时间，只好单独到出版社报到。当时出版社设在西堤新基路，我大约是上午九点到达那里。接待我的同志十分热情，满脸和蔼的笑容，连声对我说"一路辛苦了"，问我是不是休息一天再去增城，他可以安排我到出版社的招待所住宿。听我说不想在广州休息，想抓紧时间赶去参加学习班，他就坐下来给我写了一封介绍信，装好信封交给我，然后仔细给我指点行程。当时交通落后，乘坐什么车辆都不容易。那位同志指点我先到火车站买票，坐开往宝安的火车，在沥滘站下车，然后乘坐开往三江的班车。还一边说，一边在一张纸上写下要点。我把他的话一一听明白了，请他放心。但他唯恐不周，又询问了一次。看他衣着朴素，态度谦和，我猜想他应该是出版社的工勤人员，服务态度特别令人感动。

那位同志为别人考虑问题唯恐不周，办完介绍手续他亲切地问我："出版社您有认识的同志吗？需不需要找找他们？"这时我想起我的直接领导、海康县文化馆副馆长刘拔嘴上经常提到的李士非同志。为了编辑出版一本反映修建雷州青年运河的书《银河记事》，李士非同志到湛江组稿，他们是在那个时候认识的。刘拔很佩服李士非同志的才华、学识，赞赏他为人的气度。李士非同志给刘拔赠送过一本《诗词例话》，刘副馆长曾介绍给我，认真研读，我确实从中得到许多教益。我与士非同志素昧平生，但既然来到出版社了，要见他是一个好机会，于是就说出了我的想法。那位同志说："您先坐一会，我马上找他来。"

一会儿他带着士非同志来了，和颜悦色地对我说："那你们好好聊聊，有什么事情要办随时可以找我。"大概是刘副馆长此前曾经和士非同志提到过我的情况吧，士非同志很快就和我攀谈上了，谈得很融洽。我问士非同志刚才那位同志是谁，士非同志不经意地说："他是岑桑，你不认识呀？"我简直吃惊，刚才接待我的竟然是赫赫有名的大作家岑桑，而且是对我影响深远的人生导师。我是有眼不识泰山啊！这么有名望的人，对待一位来自基层普普通通的作者，态度这样恭谦亲和，不愧为长者、智者的风范。

人生的机缘有许多说不清道不明的东西，如果说这一次邂逅属于偶然，往后的交往就是水到渠成了。县剧团需要从国营农场（当时是生产建设兵团建制）宣传队选调演员和乐手，其中有一位广州知青陈英仲，手风琴拉得很有水平，被选调来到剧团。我才知道他是岑桑老师的外甥。岑桑老师是性情中人，绝无某些名人的孤傲，不食人间烟火。他慈祥和蔼，宽厚亲善，和小陈关系很密切。直到去世前几个月，一次见面时他还兴冲冲地告诉我，英仲最近带着太太来看他了。难怪每谈到舅父，英仲总是肃然起敬。他并非仅仅仰慕舅父的社会地位，更让他尊崇的是舅父的人品，他对我说起许多舅父待人接物的细节，他都默记于心。从他口中，知道岑桑老师一贯严于律己，宽以待人，和蔼慈善，是小陈最为敬佩的长辈。

往后每次见到岑桑老师，很自然会聊起小陈。我知道他很关心外甥，就告诉他，下乡的知青很多都想方设法调回广州了，问他能不能为小陈找找门路。岑桑老师似乎很随意地说："每个人的道路是自己走出来的，我最关心的是他是否信任现在的工作。"我对他说，陈英仲非常勤奋，演奏水平很高，就是个性过于沉静，平时如果活跃一点，别人会更容易看出他的长处。岑桑老师呵呵地笑了几声，说："我倒喜欢他这一点，千万不要夸夸其谈，只要是好料子，不怕没有用场的。"他的话着实让我感觉羞愧，"不要人夸颜色好，只留清气满乾坤"，岑桑老师说的不正是这个意思吗？我与他虽然见面的机会不多，交谈的时间也不太长，但每次接触，我都从他的身上获取许多的教益。后来调到省里工作，虽然生活在同一座城市，但平时大家都忙，偶尔才相遇，随着年纪增长，见面我们都尊称他为岑老。每次见面，岑老总是亲切地询问我工作、生活、学习的情况。十多年前一次见面，他对我说："岭南文库要编一套岭南文化读本。你的家乡雷州历史悠久，又是国家级历史文化名城，你挑一些选题，给我们写点稿子好吗？"

老师的嘱托，何乐而不为？我根据手头掌握的资料，拟了两个选题，"天下第一清官陈瑸"和"杰出学者陈昌齐"。岑老看了，肯定两个选题都很好，鼓励我抓紧动笔。不过对书名他提了些意见。他问我，"天下第一清官"有依据吗？我说《清史稿》记载康熙皇帝评价陈瑸"清廉卓绝"，有据可查。岑老说，"清廉卓绝"是一句赞赏的话，并没有排座次；既然称第一，那就有第二、第三，以下等等，得有个比较啊！对历史人物的评价,要尽可能准确、切实。八十年代初,我写过一个剧本《陈瑸放犯》,在写文化读本时,我把戏里的情节写到书稿里。岑桑老师问我这个事件有什么依据。我告诉他,在刘世馨的《粤屑》里有一段文字:"调台湾,其廉惠一如古田。纵狱囚还家度岁,府特揭参,而囚皆还狱。"岑老师指出:《粤屑》是一本载奇闻异事的笔记体书籍,有不少道听途说的成分,陈瑸这个事件,史书和地方志上都没有记载,还是不写比较稳妥。岑老知识的渊博,治学的严谨,再一次深深地镌刻在我的心里。在审读第二本书稿的时候,谈到为什么称陈昌齐"杰出学者",我说梁启超在《近代学风之地理的分布》一文中有一句话:"粤中第一学者,推嘉庆间之海康陈观楼昌齐。"岑老认为,这是梁启超个人的评价,带有一定的倾向性,作为文化读本,是面向全社会的,要尽量做到客观、公允,避免产生争议。我完全赞同岑老的意见,两本书分别定名为《清官陈瑸》和《陈昌齐》。在这些细微之处,显见一位老编辑家、出版人的功力,我从中受益匪浅,真可谓"润物细无声"。岑老在编辑出版界辛勤工作 60 多年,成果丰硕,影响深广,这在业界、学界、文坛已有定论。岑老无论为人为文,都足为后学的楷模,在他的身上,一个"诚"字尤为显著,对编辑出版事业忠诚,对作者朋友真诚。他的优良品质,体现在一举一动之中,于细微之处见精神。

眨眼间,岑老离开我们一年多了。96 岁,已属高寿,民间视为喜丧。但是,对于他的驾鹤西去,我们仍然感到万分可惜,深感悲痛。岑老德高望重,国家需要他,人民需要他,事业需要他，我们正期望他继续有佳作问世，期待他为我们传授更多的经验，扶持更多好作品问世，培养更多优秀人才成长。在此之前，感觉他身体状况不错，精神上又特别乐观，大家都夸他记忆力强，思维敏捷，再干十年八年没问题。记得几年前老编辑罗沙同志从友好公寓出来和老同事相聚，拍完集体照后，岑老招呼罗沙、范若丁、邝雪林三位老友："来，我们几个 80 后一起照一张！"逗得大家哈哈大笑。拍完后他还乐呵呵地说："十年拍一张，一直拍到 00 后！"看着几位老同志身体硬朗、精神矍铄，我们都对他的这一心愿充满期待。天不假年，他却溘然辞世，令人不胜惋惜！他的仪容举止，为我们树立了德艺双馨的楷模，永远激励着我们奋发向前。

唯有书香留岁痕

——怀念著名作家、出版家岑桑先生

司徒尚纪

　　著名的作家和出版家岑桑先生离开我们已快半年了，时间过得真快，但恰如岑桑先生在《在将要翻完的日历前》一文所说的："时间滚滚而流，一去不复回了，而革命者使它留下了不灭的光辉"；"时间滔滔而过，谁也牵它不住，而革命者使它物化为劳动人民整体的胜利。"岑桑先生作为一位时间的革命者，他给我们留下"不灭的光辉""整体的胜利"。这就是他满纸激情洋溢，正气四射的近 200 万文字，包括诗歌、散文、随笔、传记、少儿读物、文艺杂谈、序跋、小说等，几乎覆盖整个文学领域，是一笔无比珍贵的文化遗产，有非同寻常的历史价值。如历史地理学家、北京大学侯仁之教授说的"唯有书香留岁痕"，岑桑先生的遗世作品，即具有这种不朽的价值，与先生名字一起，长存于历史，长存于人世间。

作为岑桑先生作品的一位忠实读者，一位受益于他主持《岭南文库》丛书的作者，在痛惜先生去世之余，展读《岑桑文存》感慨殊深，写成以下文字，作为对先生的一种纪念和回忆。

从《钢铁是怎样炼成的》到《当你还是一朵花》

在我的青少年时代，有两本书是最感人的。一本是苏联作家尼·阿·奥斯特洛夫斯基写的《钢铁是怎样炼成的》，讲述了20世纪20—30年代苏联内战时期，在身负重伤、双目失明的情况下，克服巨大困难、充满时代精神的青年保尔·柯察金的故事。他用自己的革命热情和不屈的努力，成长为体现社会主义精神和共产主义理想的英雄人物，一时成为我国青少年崇拜、追求的榜样。特别是作者的名言"人最宝贵的是生命，生命属于人只有一次。人的一生应当这样度过：当他回首往事的时候，不会因为虚度年华而悔恨，也不会因为碌碌无为而羞愧。这样，在临死的时候，他能够说，我的整个生命和全部精力，都已经献给世界上最壮丽的事业——为人类的解放而斗争"，在上世纪60年代大学生群体中，已成为同学们的口头禅、人生目标和勇往直前的精神力量，一直流行于各种公共活动、演讲、朗诵、考试等场合。我在这个潮流中深受感染和启迪，成为保尔·柯察金的忠实追随者和信徒。他是一个最值得崇拜的偶像。

如果说保尔·柯察金及其《钢铁是怎样炼成的》是苏联时代其人其事，那么，在中华人民共和国社会主义建设时代，最能激励广大青少年珍惜大好时光、努力奋斗，将自己培养成社会主义、共产主义事业接班人的优秀读物，就是岑桑先生的《当你还是一朵花》了。这本署名"谷夫"的散文，出版于经济困难的 1962 年，一时洛阳纸贵，先后再版、重版 12 次，累计印数 50 余万册。这在广东出版史上恐是空前的。关键不仅在于它的版次和印数，更在于它引起的冲击波，荡漾在各个学校，各个工厂、农村、军营。人们被它的热烈、铿锵、充满诗意的句子打动，要珍惜大好春光，抓住流水般年华，努力拼搏，追求自己的梦想。在 1978 年的版本中，作者歌颂："呵呵，春天真的来到了！江水涨了，青草长了；燕子在衔泥，凤凰树上传来了鹧鸪的聒噪；晨风轻拂着舞剑姑娘的刘海……"如果说这是自然风光，那么作者以更加轻快的笔调，写到 21 世纪，"我们现在将之形容为花朵的人们却是正当盛年，肩承着历史赋予我们伟大祖国的全部重担。他们将会接受祖国的分工，在各条战线、各个岗位上，继续前辈未竟的，也是永无竟日的革命事业。他们将要在太空遨游，在太平洋开发海底的宝藏，在工厂里监视电子计算机，在农场的遥控塔上指挥伏伏帖帖的机器巨人，在实验室里轰击原子核，向微观世界从事勇敢的突破，在讲坛上宣读有关新能源的科学论文"。随着我国改革开放，岑老给我们展示的美好前景，作为一种时代预言，已变成光辉的现实。作者对历史发展，又具有多么敏锐的观察、深远的预见和精准的把握。君不见，这篇散文自诞生以来，已成为许多青少年朗诵、歌舞、演出等活动场合不可或缺的内容，或口头，或墙报，或书法比赛，或少先队、共青团，或各种先进集体，都少不了摘取它某些片断作为活动的内容。"你好，你好哇，年轻的朋友们！往前看吧！往二〇〇〇年看吧！当你还是一朵花，就得想到将来要为我们亲爱的祖国结个什么果！"这个诗一般的期望与嘱托鼓舞了一代又一代青少年去攀登科学高峰，为实现人生价值而奋勇前进！作为一种精神原子弹，它的意义是无可估量的，一直是许多青少年的座右铭，至今也不失去它的意义。

岭南最负盛名的出版家

岑桑先生不仅是一位著作等身的著名文学家，更是一位负有盛名的出版家，在岭南未有出其右者。他把出版作为自己毕生事业，除了一般意义上的出版以外，他的工作更多的是开拓性、创新性的，所以他无愧为岭南出版业的拓荒者。据悉，除长期主持广东人民出版社的工作以外，他参与创办的还有花城出版社、广东教育出版社、新世纪出版社等。这些出版社为繁荣广东出版事业和教育事业做出巨大贡献，岑老作为其中一位最主要的拓荒者，功不可没。

岭南文化本有悠久历史、深厚积淀和丰富内涵，是中华文化的重要组成部分，但囿于无知或者偏见，多少年来，在某些人眼中，岭南被喻为"文化沙漠"，甚至调侃广东人只会生孩子，不会取名字。岑老不屑于与这些无知或偏见争辩，而脚踏实地编纂大型地域文化百科全书——《岭南文库》，组织中外数百名专家撰写，迄今已出版专著百余种，子系列《岭南文化知识书系》另出版普及型读物数百种，获得全国学术名流和广大读者欢迎和高度评价。1997 年，《岭南文库》获第三届"国家图书奖"。目前，该文库两种丛书仍在坚持运作和出版，这在全国恐不多见。岭南文化因为享有如此声誉的作品而坚挺地勇立全国地域文化潮头，那些说"岭南无文化"之陈词滥调的人，亦已三缄其口。而岑老此时虽已退休，但仍有余勇可贾，一如既往，活跃在文库编纂工作中，30 年如一日，风雨无阻，专注于这项事业。这在全国出版界，堪为翘楚。

岑老知识渊博，学养深厚，判断力精准，眼光独到，作为一个编审和总编，每年经他主审通过的作品字数多达数千万，这些来自不同地区、不同身份、不同领域的稿件通过他而成为铅字出版发行到全国各地，有的被翻译成不同外文，发行至全世界，为我国文化建设事业，为人类文明和进步作出更大贡献。不少脍炙人口的作品，20 世纪 50—60 年代已经面世，后因"文革"而被封存。改革开放后，岑老力排众议，果断地重版欧阳山《苦斗》和《三家巷》、秦牧《黄金海岸》、吴有恒《山乡风云录》等优秀作品，使之再度面世，成为改革开放之初广大读者渴望已久的精神食粮。不仅如此，岑老又以锐利的目光，超前的洞察力，排除困难，使一些有争议的作品脱颖而出，成为出版界新宠，而获得广泛认同。如在上海备受争议、出版困难重重的戴厚英的"伤痕文学"代表作——长篇小说《人啊，人!》，得益于岑老的不懈努力，而首先在广东人民出版社破茧

而出，朝野震动。此后此书为其他出版社多次出版，在全国产
生巨大社会影响，岑老作为一位既有胆识又有远见的出版家，
其功至伟。这不仅是广东人民出版社的骄傲，更是岭南文化敢
为天下先、超前、创新文化风格的一个突出表现。该书作者如
今已故去多年，若在天有灵，一定会感谢在当时出版界荆棘丛
生背景下，为它扫清道路，排除暗流险滩而使之面世的岑老
先生。

难忘个人受益

《岭南文库》丛书编纂出版 30 年，本人先后在其中独立撰
写和出版学术型著作 5 种，分别为《广东文化地理》（三版次）
和《岭南海洋国土》《吴尚时》《雷州文化概论》《雷州民系
概论》，约 160 万字，这都离不开岑老的指点、提携和厚爱，浸
润着岑老辛勤劳动的汗水和智慧。记得《岭南文库》编辑部原
主任曾宪志先生亲自对我说，岑老看到你《广东文化地理》书
稿，特地离开广州，回到他老家顺德乐从镇葛岸村，花了一个
星期把书稿看完，并亲自修改，提出批评意见，使此书稿得以
顺利出版。本人对此深表谢意，也佩服他独到的眼光、认真负
责的审读精神。此书 1995 年入选由省委宣传部等 9 个单位评选
的广东省"百书育英才"书目，2020 年又作为《岭南文化读本》
丛书的一种易名为《岭南文化地理》出版，为对广大干部进行省
情教育，为提高干部文化素质，更好地服务地方管治作出贡献。

广东地域文化差异颇大，历来分为广府、潮汕、客家三大板块，但雷州文化却长期被冷落、忽视和边缘化。近年，在广东人民出版社原社长陈海烈先生积极推动、岑桑先生大力支持下，本人写出《雷州文化概论》和《雷州民系概论》两书，列入《岭南文库》丛书出版，为广东文化大省、强省建设贡献绵薄之力。2014 年 5 月 22 日在广州举行的《雷州文化概论》出版座谈会上，岑老发表《一部厚重、扎实的开创性力作》，对拙著给予充分肯定，认为"《雷州文化概论》的出版，预料可以为雷州文化研究起到振臂一呼的作用，把雷州文化研究推上一个新的台阶"。会后以"广州市雷州文化研究会"名义编辑出版《岭南文化版图新视野——〈雷州文化概论〉评论集》，发表来自全国各地 42 位学者撰写的评论文章 40 篇（重版增至作者 45 人，文章 44 篇），这也许是出版社一项空前的举措，与其说是针对拙作评论而言，不如说是为助力雷州文化研究，掀起对长期被湮没、被边缘化了的雷州文化新一轮研究的高潮。这个评论集的出版，与岑老的卓识远见和对拙著的鼓励是分不开的。实际上这是岑老对雷州文化的肯定、支持和赞扬，尤其是对长期默默无闻的雷州石狗，他以如椽之笔，高声赞扬"雷州令我最为神往和印象最为深刻的就是石狗。……石狗象征勇敢、正直、忠诚、侠义，当年千千万万的石狗群分布在雷州大地山林草野、千村万落，形成了团结协作、守望相助的浓厚氛围，真是举世无双的文化景观，完全有资格列入世界文化遗产"。但愿有关部门和单位能重视岑老这个呼吁，真正认识石狗的价值，采取积极措施，使之进入世界文化遗产殿堂。特别难得的还在于岑老在论文中将雷州石狗与西安兵马俑作了比较，指出雷州石狗不是"南方兵马俑"。兵马俑"之所以震撼人心，只不过是因为年湮代远，而且规模庞大、阵势堂堂；它们的魅力，也只不过是略带神秘色彩的沧桑美、沧桑感，令人见了发思古之幽情。除此之外，兵马俑本身并无别的什么足以动人的内涵。而石狗呢，石狗的价值主要不是文物意义上的价值，也不是工艺意义上的价值，而是文化意义上的价值，是它们丰富的精神内涵。有人把雷州民系的精神特质概括为 12 个字：刚毅果敢，求真务实，纯朴重义。这不正是我们可以从以石狗为形态的、无数大大小小石头上读到的高贵品格和精神吗？勇敢、正直、忠诚、侠义。石狗的精神内涵折射着雷州民系所崇尚的核心价值"。岑老的这个比较，为我们研究雷州文化和雷州民系品格，提供了强大的理论指导和实例分析，值得我们深思和重视。

岑老离开我们已经快半年了，但他的为人、他的风貌，连同他价值无限的著作一样，永远飘香于人世间，在文化学术界、新闻出版界等留下的深深足迹，千秋万代，永远不灭。正如北宋文学家范仲淹所云："云山苍苍，江水泱泱，先生之风，山高水长。"

2022 年 6 月 16 日

悼念岑桑同志

张汉青

怀缅深深付与公，
余馨缭绕彩霞红。
岭南文化耕耘汉，
珠水云山气壮雄。

2022年2月26日

光华生命

赖海晏

南国文坛一朵花，
高龄生命放光华。
诸多建树人人敬，
品德崇高映彩霞！

附注:

我在岑桑老先生辞世后写了这首悼念诗。对这四句诗，我稍作叙说。

其一，南国文坛一朵花。岑桑老先生是广东作家、出版界杰出人物之一。他著的《当你还是一朵花》，影响甚大，特别是对青少年的成长影响深远。可以说，熏陶了几代青少年的成长。我国出版的好作品甚多，而直接影响青少年成长的，《当你还是一朵花》是其中最好的书之一。

其二，高龄生命放光华。岑桑老先生是著名的散文家、出版家，是广东出版界元老之一。享年96岁，可谓高寿。他著的作品，除了《当你还是一朵花》外，还有《当代岭南文化名家·岑桑》、《岑桑散文选》、岑老先生亲手订定的《岑桑自选集》等等。确实是生命放光华了！

其三，诸多建树人人敬。岑老在广东人民出版社任社长时，倡议并参加组建花城出版社，倡议创办广东教育出版社和新世纪出版社，参与创办《花城》《海韵》和《译海》，还创办了《中学生之友》《香港风情》等刊物。特别是主持《岭南文库》和《岭南文化知识书系》，更是岑老杰出的建树！

其四，品德崇高映彩霞。岑老奉献巨大，却十分低调。他敬业精神充沛，工作认真严谨细致。他平易近人，淡泊自甘。与他接触和相处，会感到如沐春风！他努力培扶新秀，由于他的教导和培养，岭南涌现了许多优秀人才，他成为许多作家的好老师。

送你出海

陈俊年

不是告别
我们胸佩白花
正值春暖花开
送你出海

和我们列队的
是你等身的著作
一座岭南文库

你一生低调
就连今天的仪式
也限定
只有五十人

然而，今天
龙也抬起头
致你以注目礼
护你远航

壬寅虎年二月二 10：52
广州天河顶现场泣就

哭前辈岑桑

黄克淮

南岭失文曲，
花折痛断肠。
雨风摧锐笔，
书卷祭岑桑。

附注：

惊悉我的老领导，著名的出版家、散文家，广东出版界元老岑桑于二月二十六日下午三时不幸逝世，享年九十有六。

我于1979年从军队转业到广东人民出版社工作，报到第一天见到时任出版社副总编辑的岑桑，就被他亲切和蔼的态度打动。他快人快语，热情洋溢，用我的老朋友姚小波女士的话说，岑桑就是出版社的一团火。

岑桑著作等身，终生笔耕不停。他从出版社领导岗位退出后，并没有颐养天年，而是更加投入到出版事业上，一手经营的《岭南文库》犹如丰碑！哪怕进入九十高寿，他依然神采飞扬地在工作、写作，仿佛是一枝永远不会凋谢的鲜花。他的《当你还是一朵花》散文集曾经感动了多少年轻人的心。

只是从 2021 年开始，他日渐衰老，年底他怕自己过不了生日，过去了又担心过不去春节，又过了，但终究走到了尽头。在 ICU，当他预感死亡将近，他坚持用电话向老朋友们一一道谢，感谢他们一路对自己的关心和帮助。在生命垂危时，还清楚地记得每个人的电话，一一拨打。临去世前四天，还给姚小波打电话，问候她的美国先生哈维身体好不好，还说等自己好了就一起去喝茶！

斯人离去，千鹤伴行，让我用岑老自己的书中话结束这段文字吧！

"老头，你的风雨人生，虽则苦涩多于甘甜，……但老天爷该给的都已给你，自应知足和无憾了……上路吧，手巾牙刷、随身行李都不必带了！"（摘自岑桑《死不去》）

当你穿过文字高筑的殿堂

——致著名作家、出版家岑桑

郭锦生

时间翻浪，生命跑堂。
当你穿过文字高筑的殿堂，
你稍作逗留便匆匆离去。
但你已在那高堂上
永挂自己闪光的形象，
刻下生命美丽开花的乐章。

放眼生命丛生的田野，
你是一朵盛开的七色花。
风雨阳光复杂的布幕里，
你高昂的姿态映衬南国红棉，
你沁润心肺的气息一如春风，

唤醒万千迷蒙的思想，
令它们寻找到理想光明的方向。

你力透纸背如深犁白色土壤，
垒起一道道温润的田垄，
你把一粒粒萌芽的文字播下，
培育满眼葱茏向上的希望。
历练风雨，迎难而上，
你还以花的样子垂范，
结出丰硕甘甜的果实，
带头展现光如明灯的榜样。

生命的门票总失效，
你被迫默默离开文字的高堂，
下一站应是自由奔放瑰丽的理想国。
生命跑堂，功勋刻墙。
作为一朵花完美的姿态
你清晰地留在人们的心墙。
你曾在白纸上筑起的田垄永不荒芜，
你曾播下的文字种子将永葆希望之光，
在你的茫茫身后，会是百花齐放。
人去心伤，我们这殿堂
真心感谢你的美丽到访，

感谢你辛勤地撒下了无数开花的种子，

无边的稿纸如广袤的田野，

还印着你的脚印，

光闪闪，

一行行……

你在寻找　我在守望

周湘玟

　　你在寻找，我在守望，我会告诉你，那个失去的年代，就在离你不远的身后。

　　茫茫天幕，血色弥漫，孩子爬着寻找气绝的妈妈，飞机忙着扔完剩下的炸弹。

　　一所褴褛的中学，警报已经解除，防空壕还端坐着一位少年，身上背着一面小鼓，手中捧着一本《唯物辩证法入门》。直到响起集合的哨声，他才别起书本，敲响小鼓，进入队伍。粤北的骄阳，把他浑身晒得黧黑，两道剑眉，阳光下紧紧蹙着。

　　这位少年随着共和国的成长，成长为编辑、作家、出版家。

　　他的孩子在他膝上长大。浑身氤氲着新的时序的讯息，和父亲的厚重的才华。然而他没想到的是，他父亲终有离去的一天，而这一天，他不仅失去了他的父亲，也失落了他父亲的那个年代。你在寻找，我在守望。我会告诉你……

代跋：
上路吧！路的尽头　鲜花盛放

岑　桑

　　死不去，这一回死不去。当然，最终谁都免不了一死。死，是普天之下所有生灵的必然结局，纵或有理应死掉竟又一时幸免于死的偶然，然而终有那么一天，还是逃不出那命定的结局，要力图死不去也枉费心机。这一回，自己碰上的正是这种偶然。

　　患冠心病多年，一向不以为意，遇到有点不适的时候，便吞下一两片"心痛定"之类的药丸马虎打发过去，习以为常了，没想到自己的病已日益沉重，不是几颗药片可以对付得了的。去年9月出差外地，旅途中连续病发数次，自知再也不能等闲视之了，回来后立即住院检查。一查之下，方知自己的病情比想象中的要厉害得多：3根脉管严重堵塞，已经到了非做心血管"搭桥"手术不足以解决问题的地步，只好乖乖地听从医生的摆布，上了手术台。第一次手术失败了，接着做第二次。这一次算是成功的，可是术后伤口感染，引致骨髓炎，伤口久久不能愈合，缠绵病榻凡 8 个多月，最后从心外科转到整形外科，做植皮手术，才勉强解决了问题。住院大半年中，全身麻醉的大手术 4 次，中小手术不计其数，几次病情恶化，医院连危重通知都发出了，竟然一次次都让我"大步跨过"，真说得上纯属偶然。

我这人，向来有点天真（一时想不出更加准确的形容词），看人处事，总爱往好里想，这次对自己的病也很盲目乐观，一直执著地认为哪怕病情不轻，痊愈出院乃属理所当然，只不过是时间问题罢了。即便在病情十分危重，一天到晚喘着粗气的时候，我也从没有想过要给家人交代一些什么"后事"，因为自己根本没有丝毫将要"到此为止"的预感。不过，自己虽然天真地满以为与死尚不沾边，但厕身于一天到晚都弥漫着消毒药水气味、四周病友不停地呻吟叹气、穿白大褂的医务人员到处奔忙的环境里，还是难免要想及"死"这个亘古以还的奥秘难题的。为什么有生必有死？死究竟是怎样的一种境界？继死之后还有生的轮回吗？……这一类难题永远只能回收到含糊不清或似是而非的所谓答案。死，是生命的终极，意味着躯体的败坏、腐烂，最终归于彻底消亡。没有比死的形态更为丑陋的了；也没有比死的结局更为可悲的了，人们对死亡本能地存在着忌惮、厌恶和恐惧的心态自属必然。古往今来，人们不知聆听过多少关于生命的礼赞和生活的颂歌，而死亡却从来只能赢来遗憾和诅咒。接受死亡纯属无可奈何。然而在死亡这个课题面前，在无可奈何之中，我们还是不妨寻找一点也许能让自己变得可以稍稍淡然以对的道理来。

人们常把生命的历程比作旅途，看来没有比这更为恰当的譬喻了。旅途，有长也有短，有远也有近，有一马平川也有悬崖峭壁，有丽日蓝天也有风雨雷电……这一切，与人生的经历何其相似！而两者绝对一致的则是尽皆有始也有终，有起点也有尽头。何曾见过永无终结的生命和永无止境的旅途呢？虽说是"人生苦短"，其实能活上那么几十年，也不能责怪老天爷的吝啬了！几十年光阴，若然认真去干，无疑是足够时间干出一点什么名堂来的，多少英才在不短不长的数十年间建奇功、立伟业，叱咤风云，彪炳千秋，这是可以用《辞源》《辞海》里众多的人物词条为证的。几十载光阴，建功立业尚且绰有余裕，若然来个"最低纲领"，仅满足于传宗接代、安然度日，则"享年"数十，更是不算难为了。就一般而言，老天爷赋予每人以数十个春夏秋冬，这数十，应该可以视作相对合理的数值吧？虽说这种"知足"心态其实是一种无可奈何的自我慰藉也罢！

人们常说"生的权利"，是的，生，具有天赋的权利——享受快乐的权利。人类生命蕴藏着无限活力和创造力。人们的能力虽有大小，但要求释放自己的活力和创造力的冲动却并无二致，同样的迫切，同样的强烈。人人都力求从释放自己的活力和创造力的过程中得到快乐。因此哪怕境遇多么艰难困厄也罢，只要生存，就有对快乐的渴求，并在对快乐的渴求中无比顽强地捍卫自己的生存权利。法国作家安德烈·纪德说得好："自然万物都在追求快乐。正是快乐促使草茎长高，芽苞抽叶，花蕾绽开。正是快乐安排花冠和阳光接吻，邀请一切存活的事物举行婚礼，让休眠的幼虫变蛹；再让蛾子逃出蛹壳的囚笼。正是在快乐的指引下，万物都向往最大的安逸，更自觉地趋向进步。"是的，"自然万物都在追求快乐"，而只有生存才能使快乐成为可能，因此人们对生存本能地眷恋和追求也自属必然。对于生命而言，老天爷应该说是公平的：既一律让它们存活一些时日，也一律让它们归于消亡。其实岂止公平而已！这样的安排更应该说是合情合理的。不是常言"有权利必有义务"吗？如果说，生，是老天爷给予所有生命借以追求快乐的一种权利，那么，死，便是让所有生命终于结束自己，以便让更多新的生命获得更大快乐的一种义务了。

是的，应该把死看作所有生命都不能推卸的义务。虽说天大地大，但是我们这个万物赖以存活的星球面积毕竟是有限的，不可能再延伸了；而所有的生命都在不断繁衍，"向往最大的安逸"，"自觉地趋向进步"，一代比一代长得更美好、更合理，活得更快乐、更幸福。这种大趋势是天所造、地所设，不以人的意志为转移的。因此，所有的生命在享受过老天爷赋予的权利之后，腾出自己曾经占用过的生存空间，让位于后来更多和更有价值的新生命，不是挺合情合理的吗？这一代生命的生存空间，其实也正是前一代生命所揖让过来的。若然前一代生命没有尽到死的义务，这一代生命哪里还有赖以表现活力和创造力，并从中获致快乐的余地。当然，履行这所谓义务，决不是一件愉快的事情。且不说死亡将会使自己对快乐的追求从此彻底破灭，也且不说死亡将会给谁和谁带来多少哀伤和不幸；即便仅仅想及死亡的丑陋形态，也是够令人难以泰然接受的了。然而到了生命必须画上句号的时候，还是将之看作一种无可推卸的最后义务吧！

死不去，这一回死不去，因之还有时间发一通关于生与死的含糊议论。且不管这些议论属于似是而非抑或似非而是，当到了再也不能盲目乐观地自以为还未"到此为止"的时候，我还是会照此办理的。我会对自己说："老头，你的风雨人生，虽则苦涩多于甘甜，也说不上有何成就，但老天爷该给的都已给你，自应知足和无憾了，若仍怨天尤人，就实在太不识趣。此刻已到了你履行最后义务的时分。上路吧，手巾牙刷、随身行李都不必带了！"

（注：原题《死不去》）

2003 年 6 月

附录：岑桑年谱简编

陈海烈 编

1926 年

12 月 12 日，出生于广东省顺德县乐从镇葛岸村。

1935 年

丧母。

1937 年

7 月以前，在广州市念书。

9 月，举家赴香港避战乱。

1940 年

夏，奔赴广东战时省会韶关，考入志锐中学，从初一念至高一。

1942 年

在省立文理学院所办期刊《学园》发表处女作《停膳》。

1944 年

夏，粤北形势紧张，奔赴柳州，转往贵州安顺黔江中学念高二。启用"岑桑"笔名在《大刚报》上陆续发表散文作品。

1945 年

年初，因日寇进逼贵阳，学校停课，遂辍学，临时到怀远小学教书糊口。

夏，先后考入贵州大学英语系、广西大学农学系。

8 月 15 日日寇投降后，回广州。考入省立华商学院社会学系。在学期间，开始在广州《建国日报》副刊发表诗歌、散文、随笔等文学作品。

1946 年

夏，经转学考试，入读国立中山大学社会学系。在学数年间，继续为《建国日报》副刊撰稿，共计 80 余篇。自此与该副刊编辑、中共地下党员黄向青相稔，成为挚交。

1947 年

在广州中山大学读书。

1948 年

还在中山大学读书。

1949 年

7 月，毕业于中山大学。

8 月，受聘于香港中华中学，任英语教师。

1950 年

年初，随着广州解放，回广州工作，由黄向青（时任《南方日报》记者）荐介，先后任教于华侨中学、广州市第四中学。

12 月，与田少霞结婚。经杜埃介绍，第一部散文集《廿世纪的野蛮人》在广州人间书屋（广州市永汉北路 249 号）刊行。

1951 年
春，奉调至广州市文教局文化科工作。

1952 年
5 月 17 日，长子岑之京出生。

1953 年
调入广州市文化局电影科，任科员，兼任《电影与观众》编辑。

中篇小说《巧环》在华南人民出版社出版。

1956 年
年初，获"广东省文化先进工作者"荣誉称号。

6 月，任广州市影剧场公司行政科科长。被中国作家协会广州分会（广东省作家协会前身）吸收为会员。

7 月 31 日，加入中国共产党。

11 月，传记文学《永远的孩子》在香港中华书局出版。

1957 年

12 月，任广州市影剧场公司副总经理。传记文学《徐霞客游山水》在香港中华书局出版。

1958 年

夏，广州文化出版社成立，奉调该社任编辑部副主任。

1959 年

2 月，长篇报告文学《向秀丽》（与王伟轩合作）在广州文化出版社（广州市永汉北路 230 号）出版，署名：仰英著，罗超群插图；书前有董必武同志于 1959 年 2 月题诗《纪念向秀丽同志》："烈物延烧势甚危，纵身扑火不犹疑。谨防爆炸将旁及，忍受燔炰强自持。风格在于维大局，精诚所到树红旗。重伤百药都无效，忘我仪型永世垂。"

5 月，散文集《幽灵在徘徊》在广州文化出版社出版。

11 月 1 日，次子岑之邦出生。

11 月，广州文化出版社并入广东人民出版社，随调任该社文艺编辑室副主任。

12 月，广东人民出版社接中共广东省委宣传部领导指示，岑桑被奉派到南京协助海军将领谢立全撰写回忆录，根据谢立全同志口述历史，岑桑记录整理的《珠江怒潮》于 1961 年 12 月由广东人民出版社出版。谢立全在《珠江怒潮·后记》中说："由于战友们的关怀和重视，提出宝贵的修改意见；以及出版社编

辑部的同志们给予的帮助，使这本回忆录较前准确和充实了。在这里，我谨向他们致以真诚的谢意。"（《珠江怒潮》第291页）

1960年

从春季起，应《羊城晚报》之约，在副刊辟专栏，撰写以励志为主旨的面向青年读者的思想修养散文，先后刊出数十篇，受到青年读者钟爱，1962年8月以《当你还是一朵花——和青年朋友谈心》为书名，在广东人民出版社结集出版，署名"谷夫"。出版后广受欢迎，先后再版、重印12次，累计印数50余万册。1994年6月，中共广东省委宣传部、中共广东省委高教工委、广东省高教厅、广东省教育厅、广东省新闻出版局、广东省广播电视厅、广东省文化厅、广东省总工会、共青团广东省委等9个单位联合发起举行"百书育英才"读书活动。经过发动社会各界人士推荐和聘请社会科学界、文学艺术界、新闻出版界和教育界代表组成的专家小组评选，从浩如烟海的书籍中，选定《当你还是一朵花》为"一百本好书"之一。

1961年

6月23日，幼子岑之原出生。

1962年

再赴南京协助海军将领谢立全撰写回忆录《挺进粤中》，该书于1980年4月在广东人民出版社出版。谢立全1962年12月

10 日在《挺进粤中·后记》中写道："在此，并向帮助我搜集和整理材料的同志致以真诚的谢意。"

11 月，散文集《在大海那边》在作家出版社出版。

同年，被中国作家协会吸收为会员。

1964 年

8 月，任广东人民出版社总编室编审，后被派往阳江、阳春参加农村"四清"运动，为时两年。

1966 年

5 月，从阳春被电召回广州参加"文化大革命"，在全省文化界动员大会上被主管宣传文化的省委领导点名批判，随即作为"专政对象"隔离审查，前后抄家三次，批斗十八次。

1968 年

秋，被押送英德县黄陂"五七"干校，监督劳动三年。

1971 年

9 月，林彪事件发生后，被调回广东人民出版社任文艺组编辑。

1972 年

11 月以后，组织举办文学创作学习班。（据林振名先生的文章记述，在增城县派潭公社办了广东第一个文学写作班，恢复出书后的第一本短篇小说集《禾苗正绿》的稿件就是在这次办班过程中凑齐的。

1973 年

恢复文艺编辑室副主任职务。

1975 年

4 月，任文艺编辑室主任。

1979 年

当选为中国文学艺术工作者第四次代表大会代表，赴京参加大会。会后积极参与文艺出版的拨乱反正，主持重版久受禁锢的优秀文学作品，如秦牧的《艺海拾贝》、吴有恒的《山乡风云录》、欧阳山的《三家巷》等；倡议并主持出版全国新锐作家新作的《潮汐文丛》和培植本省文学新秀的《越秀文丛》；积极参与《花城》、《海韵》、《旅游》（后改名《旅伴》）、《美与生活》等期刊的创办和编辑工作。

1980 年

任广东人民出版社副总编辑兼任文艺编辑室主任，参与花城出版社的筹建工作。

11 月，冒风险主持出版戴厚英长篇小说《人啊，人!》。

12 月，小说集《躲藏着的春天》在四川人民出版社出版。

1981 年

12 月，《岑桑散文选》在人民文学出版社出版；小说集《野孩子阿亭》在天津新蕾出版社出版，出版多年后获文化部主办"新时期优秀儿童文学作品奖"。

1983 年

2 月，儿童文学作品集《岑桑作品选》在广东人民出版社出版。

9 月，文学评论集《美的追寻》在花城出版社出版。

1984 年

任广东人民出版社社长兼总编辑；倡议并参与创办广东教育出版社和新世纪出版社，并兼任该两社的社长、总编辑；倡议并主持出版《香港风情》《中学生之友》等期刊。当选广东省作家协会副主席。

文学评论集《美的追寻》获"广东鲁迅文艺奖"。

1986 年

6 月，任广东人民出版社总编辑。

12 月，诗集《眼睛和橄榄》在花城出版社出版。

1987 年

被评授为编审职称；任广东人民出版社顾问。

11 月，《当代杂文选粹·岑桑之卷》在湖南文艺出版社出版。

1988 年

12 月，小说集《爱之桥梦幻》在新世纪出版社出版。

1990 年

年初，被返聘筹办大型地域文化丛书《岭南文库》，被任命为《岭南文库》编委会执行副主编。

6 月，散文集《美丽的忧伤》在花城出版社出版。

10 月，《岑桑作品选》获首届"冰心儿童图书奖"。

1991 年

11 月，长篇报告文学《所罗门之剑》在新华出版社出版。

1992 年

8 月，《石心姑娘：广东民间故事（儿童版)》在新世纪出版社出版。

此年起，享受国务院颁发的有突出贡献专家的政府特殊津贴。

1993 年

10 月至 12 月，应美国中文作家协会邀请，赴美交流。交流的内容主要是介绍《岭南文库》出版及文学创作情况。

12 月，《生命开始远航》在广东教育出版社出版。

1995 年

10 月，主编《广东散文选》（1983—1994），由花城出版社出版。

12 月，《岑桑作品选萃》在花城出版社出版；自选集《风雨情踪》在广东人民出版社出版。

1996 年

赴京领中国出版工作者协会颁发的首届全国"伯乐奖"。

1997 年

《岭南文库》获第三届"国家图书奖"。《岭南文库》丛书单本图书历年有 30 多种先后获省部级奖项。

2002 年

任《岭南文库》编委会执行主编。

9 月，心脏病发，住院治疗，做"搭桥"手术。

2003 年

5 月 31 日，病愈出院。

2004 年

倡议并主持编辑出版《岭南文化知识书系》，任执行主编。

2005 年

11 月，随笔集《鱼脊骨》在广东教育出版社出版。

12 月 6 日，广东省新闻出版局等单位在广东省佛山市顺德区召开"当你还是一朵花：岑桑同志从事出版工作五十年座谈会"。出席座谈会的有中共广东省委副书记蔡东士、省社科院原院长张磊、省新闻出版局局长陈俊年、中共佛山市委副书记卢汉超、中共顺德区委副书记李亚娟、省出版集团有限公司董事长黄尚立，省社科界、文化界、文艺界的专家学者，省出版界副编审以上编辑骨干等共 250 多人。省人大常委会原副主任张汉青、广州市原市长杨资元因事未能出席会议，托人宣读了他们的书面发言。座谈会由省新闻出版局副局长朱仲南主持，他在座谈会上宣读省新闻出版局、省出版工作者协会《关于授予岑桑同志"南粤出版名家"荣誉称号的决定》。

2006 年

2 月，获中国出版工作者协会、韬奋基金会颁发的"韬奋出版新人奖"。后恢复为"韬奋出版奖"。

3 月，人物传记《清初岭南三大家》（署名"端木桥"）在广东人民出版社出版。

2007 年

入选羊城晚报社、广东省文联、广东省作协主办的"读者喜爱的当代岭南文化名人五十家"。

8 月，人物传记《陈邦彦父子》在人民出版社出版。

2008 年

4 月，人物传记《丘逢甲》（署名"葛人"）在广东人民出版社出版。

10 月，人物传记《陈恭尹》（署名"端木桥"）在广东人民出版社出版；《岭南文库·特选本》在广东人民出版社出版。

2011 年

6 月 16 日，到阳江参观"南海一号"，并策划请作者撰写"南海一号"书稿，作为《岭南文化知识书系》之一。翌日，到海陵岛探望老作家江俊桃。

7 月，后期参与策划工作的《大英图书馆特藏中国清代外销画精华》（8 卷），在广东人民出版社出版。此书后来获首届"南粤出版奖"。

8 月 18 日，捐赠祖屋设立岑桑书屋，并将自己从事写作出版事业以来主持编写、编辑出版的各种图书 1000 余册捐赠书屋，向公众开放。

2012 年

9 月，写就《雷州石狗》一文，发表在 2015 年 5 月 24 日《羊城晚报》上，后收入《岑桑自选集》。

11 月 23 日，同陈海烈到湛江市向岭南师范学院教授龙鸣组稿。

11 月 25 日，应邀到广东省雷州市第三中学作文学专题讲座。

2013 年

去河源市参观恐龙博物馆，并到梅州市客家文化研究院调研。

2014 年

5 月 22 日，参加《雷州文化概论》出版座谈会。会议由南方出版传媒股份有限公司主办，广东人民出版社与广州市雷州文化研究会承办。省人大常委会原副主任陈坚、省政协原副主席王兆林，省新闻出版广电局局长黄小玲、副局长钱永红，省社科联专职副主席林有能，中山大学著名教授张荣芳、黄天骥、司徒尚纪，著名文艺批评家黄树森，广东省出版集团、南方出版传媒股份有限公司董事长王桂科，南方出版传媒股份有限公司总经理杜传贵，广州市雷州文化研究会会长符小文等领导和专家学者近 50 人参加了座谈会。

10 月，撰写《一部厚重、扎实的开创性力作——读〈雷州文化概论〉》一文。

2015 年

4 月，参加中共广州市委宣传部召开的"《广州大典》十年编纂总结会议"。

7 月，《岑桑自选集》在广东人民出版社出版；同月，被聘为广州市雷州文化研究会顾问。

9 月 22 日，南方出版传媒股份有限公司在广州召开"南粤出版名家——岑桑同志从事编辑出版工作六十周年座谈会"。座谈会由南方出版传媒股份有限公司主办，广东人民出版社协办。出席座谈会的有国务院南水北调工程建设委员会办公室原副主任于幼军、广东省政协原副主席蔡东士、省人大常委会原副主任张汉青、省委宣传部巡视员朱仲南、省新闻出版广电局局长黄小玲、省出版集团总经理李夏铭、省社科院原院长张磊、中山大学原副校长张荣芳、广州大学教授章以武等有关领导和专家学者 100 多人。

10 月，参加广州大典研究中心编纂委员会和学术委员会全体会议，被聘为广州大典研究中心学术委员会专家。

10 月 23 日，出席湛江经济技术开发区召开的《东海嫁》研讨座谈会。

12 月，中共广东省委宣传部、广东省文化厅、广东省文学艺术界联合会、广东省作家协会联合授予岑桑第二届"广东文艺终身成就奖"称号。

2016 年

5 月 18 日，到广州市惠福路五仙观与越秀区委宣传部领导商量重印 56 位岭南先贤图书事宜。

7 月 18 日，撰写《对陈海烈同志著〈岑桑传略〉的观感》，给予充分肯定和鼓励。

10 月，《当代岭南文化名家·岑桑》一书在广东人民出版社出版。

11 月，由岑桑担任顾问的《佛山历史文化丛书》（第一辑）出版。

2017 年

5 月 8 日，中国共产党中央委员会委员、中国文联和中国作协主席铁凝到岑桑家中探望岑桑。陪同的有中国作协副主席、书记处书记阎晶明，广东省作协主席蒋述卓、副主席李兰妮，广东省出版集团总经理杜传贵、广东人民出版社社长肖风华等。

11 月 14—15 日，由广东省作家协会主办、羊城晚报社和佛山市南海区文联支持的"广东文学名家岑桑学术研讨会"在佛山市南海区举行。参加会议的有省作协党组成员、专职副主席范英妍，省出版集团、南方出版传媒股份有限公司党委书记、董事长王桂科，省人民政府参事、省文艺批评家协会原主席黄树森，省人民政府参事、省新闻出版局原局长陈俊年，中山大学原副校长、教授张荣芳，岑桑及夫人田少霞等文学界、教育界和出版界人士近 30 人。广东省文艺批评家协会主席、中山大学教授林岗主持会议。

2018 年

12 月，《岑桑文存》（六卷）在广东人民出版社出版。

2019 年

12 月 20 日，在纪念广东省出版集团有限公司成立 20 周年大会上，岑桑被授予"广东省出版集团成立 20 周年卓越贡献奖"。全集团只有一人荣获这样重量级的奖项，可见岑桑在广东出版界作出的卓越贡献。

2020 年

1 月 14 日，《中共广东省委组织部、中共广东省委老干部局关于表彰全省离退休干部先进集体和先进个人的决定》中，岑桑被列为全省 80 名离退休干部先进个人之一。

7 月 2 日，广府人联谊会与广东人民出版社举行座谈会，共同商定了合作意向及《广府文库》编纂工作组织架构，岑桑被聘为《广府文库》主编。24 日，《广府文库》编委会成立。

12 月 21 日，参加《广府文库》编委会举行的学术委员聘任仪式。

2021 年

5 月，写就《清介简重　抱朴怀仁——读〈陈瑸家书〉有感》一文，此文收入广东省人民政府文史研究馆编（陈海烈主

编）的《穿越时空说清官——陈瑸及其著作评论选》，该书于
2021 年 12 月由广东人民出版社出版。

12 月 11 日，由广东人民出版社主办的"《岭南文库》三十
周年学术座谈会"在广州举行。中共广东省委宣传部副部长王
桂科、省出版集团董事长谭君铁、省新闻出版局原局长陈俊年、
朱仲南等领导和岑桑、张荣芳、陈永正、李吉奎等专家学者近
50 人参加座谈会。座谈会由南方出版传媒股份有限公司副总经
理、广东人民出版社社长肖风华主持。岑桑在座谈会上作了
《岭南文库》三十年工作汇报；与会领导和专家学者作了发言。

12 月下旬，数易其稿，完成《广府文库》总序。

2022 年

春节后，岑桑在住院期间，分别致电亲朋好友和出版社同
事，感谢长期关心，并对未能接受《羊城晚报》采访表示歉意。

2 月 26 日 15 时，岑桑因病医治无效，在广州逝世，享年
96 岁。

2024 年 3 月 3 日
2024 年 3 月 31 日增订